圣严法师教默照禅

圣严法师——著

编者志

　　同时传承了中国禅宗临济（话头禅）与曹洞（默照禅）两个法脉的圣严法师，早期，是以教导数息观以及参话头为主，但是到了一九八〇年，开始在禅修期间指导默照禅法，并且从一九九八年开始，陆续举办专修默照的禅七、禅十、禅十四、禅四十九。至今，圣严法师已亲自主持超过十次以上的密集默照禅修活动，受益者不计其数，然而法师却迟迟未有一完整讲授默照禅法的专书。因此本书的出版，可谓圆满了各界多年来的殷切期盼。

　　由于圣严法师每次禅修期间的开示，都会依据参与禅众的程度，以及现场问答互动的状况而有所不同。也就是中心主旨不变，内容或有雷同，但讲授的风格、角度却相当多样，由此也看出法师接引禅众之善巧，运用禅法之灵活。因此，本书也特别收录了三次禅期的开示，以期读者能从法师所开的不同的"门"进入，而又门门相通。

这三部分，分别为：

一、默照禅法：为二〇〇一年五月默照禅十四期间上午的开示，由于内容层次特别分明、严谨，为历年来之少见，编者又重新加以归类整编、补充资料，使其更为完整，堪称修行默照禅法的最佳指导手册。

二、象冈默照禅十开示：为二〇〇二年六月间的默照禅十全程开示内容。此次开示中，圣严法师充分展现禅师的机用活泼，期间有不少信手拈来的小故事，甚至就是禅修当天、当场发生的事件，法师的回应敏捷而睿智，却又幽默风趣，读来尤其令人拍案叫绝。

三、〈坐禅仪〉讲要：圣严法师曾多次讲解过〈坐禅仪〉，足见其重视的程度。本文讲于二〇〇一年十二月的默照禅十期间，以消文释义的方式说出，是〈坐禅仪〉最完整的诠释。

本书是圣严法师多年来传授默照禅法的精华，希望透过本书，读者在一窥禅门堂奥之余，也能真正走入禅堂，开始禅修，亲身体验实证默照禅法，并将禅法的观念与方法落实到日常生活中，为我们的人间，带来安定的力量与真正的平安。

编案：二〇一九年版收录〈英国威尔士默照禅七开示〉一文，目次
　　　亦随之调整，原第三篇之"〈坐禅仪〉讲要"改为第四篇。

解构时代的重新建构之道

杨蓓

　　这不是一个安静的时代。纷乱、歧异、虚拟、亢奋、低迷……，太多的冲击，让现代人压力丛生，心神始终不知何处安置，对于自心的澄澈、清朗、宁静，往往于追逐中益形缘木求鱼。由心理健康的角度来看，现代人需要的不只是养生、练气或心理治疗，而是一套足以安身立命的生命智慧和处世哲学。

　　默照禅法，为这个乱世提供了一个究竟的出路。否则圣严师父不必以高龄之身仍然风尘仆仆地于世界各地带领禅七，遍洒默照禅的种子，也不会所到之处，毫无东方文化背景的禅众，如此迫切地渴望师父的教导。

　　有幸参与过十来次师父带领的默照七、默照十、默照十四，也有幸率先阅读了这本由默照禅修开示所汇整出来的《圣严法师教默照禅》，边读边回味，脑海中还不时忆起禅堂中师父开示时的领会、开怀、羞惭与感恩。纵然，有些内容已经一听再听，但是仍然如醍醐灌顶，如夜路明灯，让心再次回到明静。

其中最精妙之处，莫过于师父总在开示中让人不论在修行过程，或生活历练的夹缝中，指出一条明路。

其实，修行过程中，困顿常来自于自相矛盾，例如："想要"精进，却妄念不断；"想要"开悟见性，却又留恋执着；"想要"绵密用功，却又落于紧抓或者放逸；"想要"放舍，却又贪着坐一炷好香。日常生活中，又何尝不是如此？常常想要的太多，而忘了自己真正需要的是什么，于是追逐了半天，尚且不知自己在兜圈子，原地打转，久而久之，焦虑、忧郁一一现形。

书中，除了介绍默照禅的方法之外，更重要的是师父用各种角度的说明、譬喻，来协助禅众掌握修习默照禅的态度，而这种态度本身即是默照、即是空观，这正是师父为现代人指出的这条明路。

例如：不"除"妄想，不"求"真；一旦有了"除"或"求"的念头，都与默照不相应，于是修行，不求开悟，也不害怕开悟；又如：散乱心、集中心、统一心到无心，是修习过程中，"心"的变化阶段，但这些阶段是自然发生的，不是刻意进行的，甚至默照修行方法的次第，都不是作意的，那么修行的时候，就只剩下单单纯纯的"默"与"照"，于是"矛"与"盾"都放下了，只剩下方法，到头来，连方法也不见了。这让我想起师父对"空观"的阐释："不偏左，不偏右，也不执中。"这种态度，正是默照的处世智慧，也是现代人自心困顿的解脱之道。

有人会说，这样的处世智慧太难了，要何时才能修成？师父用幽默的譬喻告诉众人：动物因为没有前念、后念，所以对"当下"最敏锐，因此，常能预知灾难的来临。所以连"太难了"这一念都是妄念。不论修行或日常生活，如能法住法位，何来"偏"与"执"呢？

而在禅堂中，师父总是拥有如神通般的敏锐，对禅众做出适时切中的开示，来解惑、引导，所以本书中所呈现的各种主题顺序，其实都是按当时禅众的修行历程而显现。若以象冈默照禅十为例，读者不妨对照一下自己的禅修经验，当能体会出经验丰富的明师，如何在默照中体察出百多位禅众的心路历程：有时解惑，有时陪伴，有时提点，有时引领，有时警惕；这是何等深广的明与知。所以，默照中，不是什么都没有了，而是什么都恰如其分地有了。

本书中涵盖三大部分，读者可能会发现：〈坐禅仪〉是最精简的提要，〈默照禅法〉十分实用，而〈象冈默照禅十开示〉却善巧地与禅修历程融合。这三部分目标一致，却有不同的风貌，以便引导不同需求的禅修者，这是编者的用心良苦，希望所有的人均能受益。

有人说，这是一个什么都在解构的时代，也是一个什么都需要重新建构的时代。就如同师父在开示中，为现代人所关心的"爱"与"快乐"理出脉络时，师父将古老的佛法与现代人的生活，又有层次地扣在一起了。每每坐在禅堂中聆听师父开示时，默思这个时代、这个世界，心中不免生起一些憧憬：当人人的心中建构起默照的清流时，这会是一个怎么样的世界呢？

多说无益，打七去吧！

（作者现为台北大学社会工作系副教授）

目录

第一篇

默照禪法

壹、默照禅的旨趣
——照见本来面目，体现本地风光

默照禅法是最容易用的修行方法，不需要像修次第禅观那样，一个次第一个次第地修。但是，默照禅法的功能是涵盖着次第禅观的。因为其内容是非常直接，用的方法也非常简单，只要掌握着不把自我意识的执着心放进去，不做瞻前顾后的妄想思索，当下是什么便是什么，那就跟本来面目相应了；放舍我执是"默"，清清楚楚是"照"，这就是默照禅。

一、什么是"本来面目"？

所谓"本来面目"，有的人说是在未出娘胎之前的本来面目，这可能会造成一些误会，认为是中阴身、是识、是神、是鬼、是灵魂，不同的宗教信仰者，会给它不同的名称，那都是生死界的生灭因缘，不是本来面目。禅宗的意思是说，在没有生与死之前的本来面目是什么？已经进入了生死，这是一种现象，是身体的现象、心理的现象、环境的现象，这些现象加起来，就是生与死。那么，离开了这些生死现象，既不生也不死，既无生也无灭的本来面目，是人人本具的，那究竟是什么呢？那是不可思议的真如佛性。

"不可思议"与禅宗讲的"不立文字"，这两个名词事实上是同样的意思。只要用文字表达的，就是语言、符号；而思议则是用嘴巴讲、用头脑思考，这也是一些符号，所有的符号都称之为"相"，都是现象。因此，"不可思议"与"不立文字"讲的都是同样的东西，那就是放舍诸相之后，当下便能够发现自己的本来面目。

随时能放舍诸相，随时就能见到本来面目，只要有一个念头没有办法离开现象，便是着相；只要执着于任何一相，那就跟本来面目不相应了，自然也就见不到本来面目了。许多人误解，在打坐时所产生的身心反应，例如：轻安境、光明境、空灵境、感应境、神通境……，就是开悟的悟境，其实那也只是生理现象、心理现象，最多是精神现象。有这些现象是很好的，那是已经放下了粗重的身心负担，心志专注，凝神安住，故有异于一般的经验出现，但它只是一种身心现象，不是开悟，未见本来面目。这种经验能够使你对打坐有信心，并且喜欢打坐，也能够鼓励着我们继续地打坐下去。

《六祖坛经》所讲的无住、无念、无相，就是讲的本来面目，就是悟境，就是放下了所有一切自我中心的执着。好比演员需要化妆，需要穿着各种不同的戏服，可是在卸妆以及脱下戏服之后，就显出了演员自己的本来面目。禅宗所讲的本来面目，是指放下了自我中心的执着，心无所住、念无所系，放舍诸相之后的大解脱、大涅槃。当你对于一切现象的执着心统统放下时，这是无法用语言文字来表达、来思索的如实境，所以叫作不立文字，也称为不可思议的悟境了。

二、何谓"本地风光"？

所谓"本地风光"，是在没有任何执着的状况下，还有智慧及慈悲等的一切功能。风光，是春光明媚的风景；悟后的心地，称为本地，是如实地自在清净，能摄一切善法，能生一切功德，虽无自他对立之心，亦无善恶分别之思，但有如实反应的一切功能。悟境中的心地，如阳春白雪、无尘明镜，自身不着有无、善恶，却能如实灵活地因应众生所需，故形容为本地风光。

中国禅宗有一篇〈十牛图颂〉，那是用十个颂文配十幅牧牛的图画，画的就是十个禅修层次的境界。图意是说有一个牧童在看牛，最初他看不到牛，在找牛；然后见到了牛的脚印；接着是见到牛的尾巴尚不见牛身；又看到牛在吃草，于是牧童好不容易把牛抓住了；接着牛已驯服地让牧童骑在它背上；后面是牧童和牛都在休息；接着牛不见了，牧童也不见了；接下来又出现一幅春天的风景，只见春景很美，但是看不到人；接着是个圆相，什么东西都没有，这就是本地风光了。相当于《金刚经》的无我、无人、无众生、无寿者，也是《六祖坛经》的无住、无念、无相。最后，牧童和牛不见了，图中走出来一个很有钱的慈悲菩萨，拿着一个大袋子，见了人就施舍，见了人就施舍……。所谓的"本地风光"是从第九幅图开始，风景很美，却没有自己，为了度众生，应化显现，永不疲倦。这代表着所有的境界都属于众生，就是没有自我中心的执着，所以能用无缘大慈、同体大悲之心，来度一切众生。（编案：请参阅圣严法师的英文著作《摩根湾牧牛》〔*Ox Herding at Morgan's Bay*〕，或中文著作《禅的体验·禅的开示》关于〈十牛图颂〉的介绍）

在日常生活的任何一个时间里，不论是打坐、运动、工作、走路等，都要放松身心，不起我贪、我瞋、我慢、我疑、我烦恼、我兴奋、我忧虑等的执着。不要说："我好讨厌、我好喜欢，这个真麻烦、那个真有趣……。"不要有这些分别执着心，只是在运作、在活动，知道正在发生什么状况，并且恰如其分地正在处理这些状况。若有情绪性的反应，便是自我中心的烦恼在作怪了。要练习着见到本来面目、见到本地风光，便得先练习放舍诸相的默照禅法，否则，是永远不可能见得到本来面目，也永远没有办法体验到本地风光了。

贰、修行默照禅法

　　公元十二世纪，在中国有两位非常著名的禅师：一位是临济宗的大慧宗杲（一〇八九——一一六三年），他提倡了话头禅；另一位则是曹洞宗的宏智正觉（一〇九一——一一五七年），他提倡了默照禅。我自己则正好连接上了这两个系统的法门，当我在跟老师修行着力时，用的是话头禅，在六年的闭关期间，修的则是属于默照禅。这两种禅法对我来讲，都有很大的利益及效果，直到目前我还是在教授着这两种禅的修行法门。

　　我初到美国的数年期间，在禅七中指导的是数息观以及参话头，到一九八〇年便开始在禅七中指导默照禅，并且讲〈默照铭〉，到现在已经讲了十多次了。默照是先照后默，但是为何不叫照默，而要叫默照呢？通常在任何状况下，知道自己在做什么，就叫作照。譬如说："我在吃饭，我在胡思乱想，我真烦恼，我真生气，我好快乐……。"知道在做什么，是照，但不是在用功修行。因为知道自己痛苦、不舒服、麻烦、高兴、快乐，但是不知道该怎么办，那就不是在修行了。若在修行时，发觉有这种种状况发生，马上终止它，并且告诉自己说："我不要跟着它跑！"这就叫作默。因此，默的工夫是对于所照的心境要默，默那些所知、所觉、所想、所受的身心状况，不再被它们影响下去，也就是默其所照，所以要倒过来，称为默照而不是照默。

照是觉照，是心中知道自己的心境正在什么样的状况下，如果连对自己当下的心境是怎样都不知道，那就不是在用照的工夫了。有一些人，整天叽哩咕噜地讲话，但是他们也不清楚自己为什么要讲？在讲些什么？还有的人身体会像猴子、小狗似地不断在动，他知道自己在动，但不知道为什么要动，这些都是没有觉照的盲动。照，是知道自己在做什么、在想什么，也清楚地知道心里所产生的种种反应是怎样，但是无法控制自己的心，有时候，希望想的事想不到，不要想的事却一直在想。默的工夫，就是发现了这些心里的状况时，马上切断它；知道有诸相，知道有万事，那是照。但是我们的目的不仅是照，而在默照。刚开始用方法时，一定要先默那个照，等方法用得很得力、很成功时，则是默照同时。

一、方法

（一）调身

修行的方法，就是用功的着力点。修行的观念指导了修行的原则和方向，修行的方法则是调息、调身、调心的技巧。调身、调心，是从调息开始，先把呼吸调匀了，身体自然会舒畅，心念自然会安静。

调身，必须要有一个正确的坐姿，让身体感到平稳、舒服、轻柔。打坐姿势的要领是，将身体的重心感，放在臀部和垫子之间，脊椎和后颈是垂直的，后脑、后颈、直到尾椎骨为止，呈一直线。不要弯腰驼背，也不要左曲右歪；坐的时候头顶与上空呈一条垂直线，不要低头或仰头，下半身最好将双腿盘起，如果不能盘腿，交叉坐或者坐在椅子上也是可以的。双手的手心朝上，左手掌在上，右手掌在下，重叠置于腿上；然后轻合嘴唇、舌头轻抵上颚、轻扣上下牙齿，眼球放松，两肩、两臂、两手均不用力，腰部挺直，小腹放松；这是最正确的姿势。

（二）调息

正确的坐姿，可以使身体稳定、心念集中，全身的气脉循环更为通畅。重心的感觉，不在头部或上身，而是在臀部和垫子之间，身体其他的部分则不去管它。眼睛可以闭着，但是这样很可能会打瞌睡、有幻相、有幻境、有杂念、有昏沉，那么，可以将眼睛睁开百分之二十，但是，睁开眼睛不是要看什么东西，或者用耳朵去听什么，只是睁开而已，眼前的东西不需要去注意它。要练习将我们的心，用来享受呼吸从鼻孔出入的感觉。能够如此，心有所寄，就不会用眼睛去看，用耳朵去听了。

呼吸的感觉是在鼻孔的前端部位，但是不要特别去留心呼吸在进鼻孔之后是进到肺部或进到哪里；就是自然的平常呼吸，不要控制它，不要故意使得呼吸快或慢、深或浅，只要知道有呼吸出及呼吸入的感觉就好。这时你的心，就好比站在电影院门口的收票员，收到一张票，就让一个人进去，至于进去之后是坐在哪一个位置上，那就不是收票员该管的了。

有的人想控制呼吸，希望呼吸愈长愈好，愈深愈好，这不但没有必要，而且会引起呼吸不顺、胸闷气塞的副作用；也有的人呼吸时注意小腹，最初开始能够感觉到小腹在蠕动，但是，这只能使心一时间安定下来，却没有办法入定和开智慧。所以，当横隔膜下降时，呼吸的深度可能会使小腹起伏蠕动，但不要试着用意志去控制它蠕动，只晓得呼吸的感触是在鼻孔就好。也许有人已经习惯呼吸在小腹的蠕动，并且心境平静，那么可以暂时用它，直到你的心已安定之后，就不要再去注意小腹了。

每次开始打坐，都要把姿势坐好，这是调身。坐好之后觉得身体很舒畅，然后晓得呼吸，享受呼吸，知道自己的身体在打坐，而呼吸只是身体的一部分，所有的感觉也都只是身体的一部分，不需要特别去注意某一或某些部分。

不去特别注意局部或局部的状况，不被身体的状况、环境的状况以及心里的状况困扰，还是保持清明的心，知道自己的身体是在打坐，这是"默"；晓得身体在打坐，清楚地知道身体及周遭环境的状况，也觉察到心里所产生的杂念妄想，则是"照"。很清楚地知道身体在打坐，也知道身体上的状况，但是不去管它，这便是"默照同时"。

（三）调心

默照修行法有四个调心的层次：

1.收心

把心从缘过去境以及缘未来境的状况，收到缘现在境的这一点上。舍下过去境及未来境，是"默"，缘现在境是"照"。

2.摄心

是将收回的心摄于现前正在用的方法上。也就是把心从过去境及未来境中收回来，只缘现前境之后，进一步将现前境的范围缩小，对于现前环境里所发生的种种状况，虽然可能都看得到、听得到，但是不要被它们所影响而生起情绪反应。接着，很清楚地把现在的这一念，既不被杂念、妄想、瞌睡所困扰，也不要跟杂念、妄想、瞌睡缠斗，只要把心轻松而又绵密地用在方法上，其他的问题就不会产生了。不跟杂念、妄想、瞌睡缠斗是"默"，把心用在方法上是"照"。

3.安心

是将心念安住于正在用的方法上。此时的心，已经可以不受身心环境的各种状况所影响，平稳、安定、持续地在用方法。很清楚知道自己是在打坐，也清楚知道自己已在平稳、安定的状况中打坐。清楚知道就是"照"，平稳安定则是"默"。

4.无心

是放下一切攀缘心，既不执妄境也不求真境，但仍如常人一般地生活，这便是《金刚经》的"无住生心"，亦即《六祖坛经》的"无念心"、"无相心"。从安心而至无心，是持续用功，不断地放舍诸相，一直到了无心可安亦无相可舍的状况。在这过程之中，收心的层次要舍过去、未来；摄心的层次要舍杂念、妄想；安心的层次要舍身心环境正在发生的状况；无心的层次要舍妄、舍真，不执有无两边，也不着中间。一如〈永嘉证道歌〉所说的"不除妄想不求真"，但也不是躲在无事窟中享受安逸，而是随缘摄化，悲智无量。

二、态度

修习默照禅必须遵守的基本态度有三，那就是：发大悲心，放舍诸相，休息万事。

（一）发大悲心

大悲心就是菩提心，也是能够让我们彻悟成佛的心。如果要彻悟，首先要发大悲心，然后才能够顿悟成佛，因此，大悲心就是无上菩提心。既然发大悲心，那么对任何人、任何众生，都不能有对立、仇恨、伤害、疑惧以及嫉妒的心，代之以包容、怜悯、体惜的平等爱护、普遍救援，那就是大悲心了。

发起大悲心的目的，在于找到自己的本来面目以及体验到各人的本地风光。为了达到修行的目标，就得从放舍诸相下手，虽然尚未见到本来面目，尚未体验到本地风光，但是要练习着朝这个方向努力。放舍诸相即是"默"，努力于放舍诸相的练习即是"照"——这就是默照禅法的入门方便。

（二）放舍诸相

放舍诸相就是不执着任何现象，实际上就是无住心。心不住于心理现象、不住于身体现象、不住于环境现象。所有心内、心外的一切现象，都是有的，但不要去执着它，不要去在乎它，便是放舍诸相。不住于任何一种现象，就是"默"；知道所有的现象都是正在发生中，那就是"照"。所有的生灭状况，都是知道的，只是不去执着它，不因各种状况的发生而心生波动，这就是放舍诸相；但这并不是说，就像木头、顽石或者是死人那样。了知任何现象，是正常的人，这是"照"；知道任何现象都可能发生，但不需去忧虑烦恼，这是"默"。在打坐中，了知有任何一种现象出现时，能够不起第二念，立即就是默照同时的放舍诸相。

如何放舍诸相？就是从放松身心、安定身心着手：第一，先把眼球放松，然后将整个身体放松，头脑不要去注意什么，也不要去思考什么，只晓得自己是在放松状态。第二，身体坐直，脸部的肌肉放松、肩颈放松、臂不用力、手结法界定印置于腿上，不再管它；后腰放松、小腹放松，然后享受呼吸、欣赏呼吸从鼻孔出和入的感觉，其他的不要管它。第三，进一步，心已比较安定，杂念也少了，此时如果不清楚体验呼吸从鼻端进出的感觉，很可能会打瞌睡。这个时候便可用只管打坐的方法，很轻松地体验、知道自己的身体正在打坐，但不要特别注意身体的某一部位或某些部位的感受状况，也不去特别注意心里的反应，以及周遭环境里正在发生的任何状况，你的责任只是晓得你正在打坐。事实上，这就是提起默照的方法，正在练习放舍诸相、休息万事。

（三）休息万事

彻悟的人，我们称之为无事道人。道人，就是修行佛道的人，无事道人是心中已经没有自己的事，既然自己没有事，那还有什么事呢？事实上，对于凡夫而言，修行和烦恼都是事，凡在心中有所牵挂的，就叫作"事"。随时随地要把心中的牵挂停止，心里没有任何牵挂之时，虽也照常过生活，但那就是休息万事。

有位菩萨来参加禅修，尚未办妥报到手续，就接到他太太的电话说，如果他参加禅七，她就要在家里自杀。于是这位菩萨问我说："师父！我该怎么办？"我问他太太要自杀是真的，还是假的？他说："她过去好像也说过这样的话，不知道是真是假，我想我还是在这里打禅七，过两天再看看会发生什么事吧！"于是我跟他讲："我想你不必看了，禅七期间你的心中老是牵挂着：'我的太太不知道自杀了没有？'还打什么禅七呢？你心中有事，太太说要自杀是大事，而且是不得了的事，我看你还是回去吧！"

请问诸位的心里有事吗？虽没有家人自杀的问题，心中也会牵挂着很多很多的事，也许你们一边打坐一边在想着许多之前和之后的事，也可能想着："默照禅能让我开悟吗？能给我智慧吗？默照禅何时才能够让我断烦恼呢？"有的人可能没有想到这么多问题，只是期待着平顺地打完禅七，或者想："禅修期间会发生什么事啊？再往下会怎么样呢？"一类是期待、等待，另一类是担心、推测，这些全都是"事"。其实，修行就是用方法修行，不要瞻前顾后，不要羡慕他人，不跟他人比较、也不跟自己比较，否则，便成不务正业的闲事了。

你的心，不要被任何的状况所动，不要被任何现象牵着走。当发现鸟在叫、风在吹，苍蝇、蚊子在飞舞；或感觉到肩颈痛、腰椎酸、皮肤痒；或者觉察心里正有杂念、妄想、邪思在浮动，这些都是现象。被你发现了，便是"照"；发现了之后，随时放舍，就是

"默"。

事，是不可能没有的，吃饭、走路、打坐、睡觉、上洗手间、打扫环境等，每一样都是事，但你千万不要把前一念已发生过的事，以及后一念尚未发生的事，牵挂在身上。刚刚做的事已经做过了，可以有记忆，但不必牵挂；还没有发生的事，可以有计划，但不要悬念；凡跟当下所用的方法不相应者，全是闲事，必须随时放下，这就是"休息万事"了。

发现心中有事，就是"照"；不讨厌它，不去管它，休息心中所有的事，则是"默"。当你清清楚楚没有杂念妄想而只有方法，便是正在修行默照。

三、要领

修行默照禅的要领，首先就是要放松身心，接着是晓得自己在打坐，然后享受呼吸从鼻端出入的感觉，等到心的状况安定之后，便告诉自己："我的身体是在打坐！"也清楚知道自己的身体在打坐。但请你不要去注意身体的某一个局部是否有感觉？是否有负担？只需知道你自己的身体是在打坐就好。不特别去注意身体的某一部分，不去特别在乎令你有兴趣的念头，或特别去讨厌令人不快乐的念头，只是不断地说："我知道自己在打坐，我知道自己在打坐……。"知道打坐，是"照"；不被身体某一或某些部分的感觉所困扰、吸引，也不被心里的任何妄念所影响，继续不断地只晓得"我在打坐，我在打坐……"，这就是"默照"。

四、默照禅与次第禅观的同异

次第禅观，是先修五停心，然后修四念住。五停心有五种修行方法，只要用其中的任何一种，就可以停止五盖；五盖就是贪欲、瞋恚、睡眠、掉悔、疑法等五种覆盖善法的心理状况。五停心观就是：数息观、不净观、慈悲观、因缘观、念佛观。其中的数息观，就是先体验呼吸在鼻孔出与入的感觉，称为随息；如果昏沉及散乱难除，即用数息观，以此来停止那些麻烦的五盖心。五停心是四念住的前方便，乱心安伏之后，即修身、受、心、法的四念住，由观慧而进一步修三十七道品，以证声闻四果为目的。

五停心、四念住是次第禅修，从观呼吸、观身体、观心念入手，是次第的修行方法。默照禅法，也是从呼吸法入手，也是从观身受着力。因此，默照的修行方法并非有什么奇特，也不是中国人没有根据就发明的东西，它是以传统修行方法做基础的。

默照是从有次第到无次第。有次第是身体放松，心情放松，体验呼吸，体验身、受、心、法，这是结合五停心的观息和观身法门，进一步修四念住的。默照禅不落次第，面对身、受、心、法的任何现象，都采取不要管它的态度，只是清楚知道自己是在打坐。

四念住的次第观名为"别相念"，整体的综合观名为"总相念"。禅宗是从总相念的基础上，教我们只管打坐，便是默照禅的入门手段了。因为别相念是需要次第修行，而默照则是一开始就教我们不要管次第，只要求清楚地知道自己的身体是在打坐，呼吸也只是身体觉受的一部分，其他的问题不去管它，知道、放下，便是直接而简单地在修默照禅了。

参、步上修行之道

一、基本观念

修行的观念称之为"正知见"，修行的方法是"正行"，而"正精进"则是指修行的态度。这几项要能够互相配合，如果缺少其中一项，打个比方，不是失明的瞎子，便是缺腿的瘫子，但是配合起来，既能看得见，又能走得快，就是一个健康的人了。

（一）正知见

正知见，这里说的知见，是属于佛学和佛法的观念，就是因果法和因缘法。

所谓"因果"，就是种瓜得瓜、种豆得豆。过去的努力可得到现在的结果，过去的不负责任形成了现在的许多困扰，这就是因果。讲因果并不仅仅是这一生，一定要相信有过去生、过去生、无尽的过去生；有未来生、未来生、无穷的未来生。只是单看此生的话，因果就没有办法解释清楚了。

许多人都会羡慕他人、嫉妒他人，或者对自己失望、自责、骄傲、自负，这都是因为没有因果的观念。不同的人有不同的因果，就像不同的身体条件、心理条件，以及环境条件等等，这都是果。这些结果，都有原因的。

例如我这个人，也许有人会觉得我已经很了不起，其实我从小就是在不顺利中成长，一向比不过人，也没办法与人相比。当我在念书的时候，好几次应该可得第一名，但是总有因缘，阴错阳差地把我的名次弄到后面去。直到最近，大家更会认为我是很顺利的，其实我的身体，老病相侵，我的弘化事业、建教团、办教育、带禅修，也是障碍重重，但是因为我相信因果，任何事的发生，一定有它的原因，既然有原因，就不能算是挫折，也不必失望了。

大家可曾听说过，修行得道需要多少时间吗？以小乘的解脱道而言，阿罗汉果最快的是三生，最慢的则是六十劫；辟支佛果，最快四生，迟则百劫；而大乘的成佛之道，最快的是三大阿僧祇劫，最慢则是无量阿僧祇劫。现在有许多人，一下子就希望证得阿罗汉果，或者即刻证得无上道果，这都是不正确的邪知见，跟因果的原则是不相应的。相信因果的话，对过去的，必须要接受；对未来的，从现在开始就要精进地努力。

所谓"因缘"，是以主观的因素加上客观的因素，成为一个现象的事实；客观的因素很难掌控，就连主观的因素也未必能够掌握。有些事可以自主，但更多是无法控制的。所谓能自主的，就是以现在所具备的条件积极修行；而不能自主的，便是属于因缘的配合而产生的。自主与非自主，主观的自我与客观的环境，这两种因缘相加，就是从因缘而生的结果。

譬如前面说过，有一位先生来参加禅七，却由于太太威胁说要自杀，我劝他回去了，这是非自主的客观因缘不具足。又如另外两对夫妇同来禅修，这四个人就是因缘具足，互为善因缘来同修佛法，这是很可贵的助缘。

（二）正行

"正行"，是指有正确观念及正确方法的修行生活。由于每个人有不一样的因缘，所以有不一样的结果，这包括身体状况、心理状况，以及环境状况，都跟因果及因缘有关。我们要接受因果、因缘的事实，同时要时时设法来努力改变、改进、改善因果和因缘的事实，这就是成佛之道的修行原则。修行成佛之道的过程中，一边要精进不懈，一边要不怕阻碍，不求安乐、不惧艰难，也就不会在阻碍之前退失道心。

（三）正精进

很多人不清楚精进的意思。要知道，紧张和心急不是精进，这只会使你容易疲倦，甚至烦躁、不安。正确的修行心态，就是要将心情放松、身体放松。所谓精进，是细水长流，就像天然的泉水，汩汩地、缓缓地、持续地、不断地往下流注。不会修行的人，往往拼老命似地用猛力，那就好像下了一阵暴雨之后，山涧的洪水，于一时间内排山倒海直奔而下，但雨过天晴，洪水冲完就没有了；而且猛冲狂奔的洪水，会造成灾害损伤，那不是精进，而是一种自我摧残的行为。

　　精进的态度，不是希望马上得到结果，或希望马上见到、经验到打坐的好处。打坐，首先要练习持续的毅力、平静的心情、放松的身体，自然而然就会体验到坐禅的好处。如果心浮气躁、希望速成、急求效果，那便等于揠苗助长，所得到的必定是反效果了。

　　"正精进"，是以精进心对治懈怠心，正精进有异于盲修瞎练的苦行，而是不急不缓、不苦不乐的中道行，要像细水长流的泉水，而不是像一泄而下的洪水，泛滥成灾。

　　我在年轻的时候，有几位很用功的道友，他们非常精进，睡眠时间不多，资生物质很少，打坐拜佛时间很长，见面时他们总会勉励我说："老兄啊！你的身体比我们差，什么时候会死都不知道，还不赶紧用功，等死期到后，就来不及了！"从他们的角度来看我这个人，是个不太精进的懒骨头，因为我虽也很用功，但在该睡的时候就睡，该饮食的时候就饮食，感到有病之时，就延医治疗。结果他们都很年轻就用功死了，而我还活着，在这一生之中，虽无多大的成就，于己于人，也不能算是白过。我知道自己的体能，也知道自己的心力，总是在带几分勉强，而又绝不十分勉强的情况下，全力以赴、尽心而为。我虽不能算是正精进的好榜样，也不算是坏例子吧！

有的人稍微有些不舒服就不随众作息，不打坐、不看经、不求上进，也不奉献了，总会推三阻四地找到理由少花一些力，说是等到他们把身体养好了，把心情调顺了，才来好好地修行。这样的人就是颠倒，只是尽量找借口懈怠而已。

二、增上（四种基础条件）

修行的基础条件共有四个：那就是信、戒、定、慧的四种增上。

（一）信增上

"信增上"是信自己能成佛，信佛是不诳语者，信法是苦海舟航，信僧能住持佛法。

1.相信自己

"自信"是非常重要的，修行禅法的人，必须先要相信自己有佛性，佛在心中住，只缘迷妄，所以未见，因信起修，就是为了转迷成悟、亲见自心中的佛。

一切众生都有成佛的可能，我们是人，当然要相信，而且唯有以人的身心，最适合修行，一旦建立起自信心，认知我们有修证的条件，便该着手修行。

不过有许多人是缺少自信心的，特别是缺少能够明心见性的信心，所以需要有人接引、有人鼓励、有人协助，那就是善知识的重要性，让信心不足的人，知道他们能够生而为人，就是有了善根的。

要使我们对自己有信心，除了听闻善知识说法，得知自己的确需要修学佛法，也知道自己真有善根，所以听到了佛法，便是有了信心。进而更应该如法修行，在练习修行方法的过程中，使信心更加增长、善根更加深厚。

如何相信自己真有善根？佛说人身难得，我今已得人身；佛说佛法难闻，我今已闻佛法——这不就证明我有善根，并与三世诸佛，都曾有过因缘吗？以我来说，我自信是有善根的，否则我不会出家做和尚，不会终身以学法、护法、弘法为专职；诸位也应该相信自己是有善根的人，否则怎么会正在阅读这本讲佛法修行的书呢？将自信心建立起来之后，就会珍惜这个善根因缘，虽在用功修行的过程中，一定会遇到挫折与困难，但应该勉励自己说："这些都是成就道业的大好因缘，经得起无数的历练，善根就愈来愈深厚、愈来愈壮大，终究完成无上菩提的圆满佛果。"

多打一次禅七，多得一次利益；多用一天工夫，多得一天的好处，同时也多增一分自信心。很多人误以为只有开悟见性才算有用，事实上，凡是修行，便会有益，虽尚未实证佛性，却已亲证信心了。

2.相信三宝

接下来要说明信仰佛、法、僧三宝。

（1）佛

是指我们的教主释迦牟尼佛；信佛，即是信仰他的人格、他的智慧、他的悲愿。由于相信佛是真实语者的大导师，所以接受佛所说的观念及方法，并且用来帮助我们。从思想上来纠正我们、指导我们，从方法上来让我们练习着如何离贪、瞋、无明之苦，而得解脱自在之乐。

（2）法

是指佛所说的离苦之法，也就是佛教圣典中所记载的道理和方法。是由佛及佛的圣弟子们说的，梵文叫作"达磨"（dharma），这是佛法的根源，即是禅法的根源，已经流传二千五百多年。凡曾经接受佛法的人，都很受用，所以值得我们生起信心。释迦牟尼佛经过长劫修行，最后悟得的便是正法，也就是佛、法、僧三宝中的"法宝"。释迦牟尼佛将他从修行中开发出来的成果，传给了弟子，然后代代相传，直到我们，称之为法脉传承。

（3）僧

是指住持佛法的、如律如法的、清净精进的、和乐共住的团体。僧伽本可通用于僧俗四众的团体，但在《阿含经》及《毘奈耶》中，皈依三宝中的"僧宝"，是指出家的比丘僧。由于这是个修行正法律的团体，能将正确的佛法守护、应用、传持下来。然而为什么是团体而不是个人呢？因为个人不能持久，也不能代表清净和合的精神。所谓僧团，就是有众多精进学佛的人在一起。但是在各种团体之中，能依佛的正法律，清净、精进、和乐共住、同修菩提道的，就只有出家僧伽了，所以标准的僧宝必是以出家的团体为原则。出家僧的重点，是在于坚守不淫欲的梵行，实践不蓄私财的出离行；少欲、离欲，是解脱道的基础，也是菩萨道的共法，所以唯有如律如法的出家僧团，才能真正负起住持佛法的重责大任。

信奉三宝，又称为归敬三宝，这对于修持佛法的人来说是非常重要的。因为修行用的法宝是佛说的，法宝是由僧传播的，如果不信三宝，便无佛法可修。大彻大悟之时，自己便与三宝融合为一，称为自性的"一体三宝"，故仍不离三宝。然在尚未彻悟之前，必须要深心信仰住持三宝，否则，若只信自己而不信三宝，那就是一个大狂人了。

（二）戒增上

"戒增上"中的"五戒十善"是人天善法的根本，"比丘比丘尼戒"是解脱道的基础，"三聚净戒"是菩萨道的原则。戒分为"声闻戒"及"菩萨戒"两大类。声闻戒重于自律自清净，自己求解脱；菩萨戒则在于自利，而尤重于利他行。人天善法是成佛的根本，解脱道是成佛的基础，菩萨道则是成佛的过程。

1.戒是度脱苦海的浮囊

一般人听到"戒"这个字时，都会有点害怕而心生抗拒，认为那是用枯燥不合情理的教条，禁止人的自由，拘束人的行为，其实不是这样的。譬如说我们美国纽约象冈道场有很多鸟，鸟在生蛋之前一定多半会在树上筑巢，其目的是为了安全的防护，以免所生的蛋，会受到地面上老鼠、蛇，乃至人类的攻击。在孵蛋时，有了这个鸟巢把几个卵集中在一起，也容易把小鸟孵出来。修行人持戒，就像是鸟儿筑巢，是为了保护我们的智慧蛋以及慈悲蛋，顺利地孵出成佛之道的鸟来。

我曾说过："鸟儿要有后代，必须有巢；人类要有后代，必须有家；出家人要有后代，必须有寺院；修行人为了成就道业，必须有戒体。"因此，受戒如筑巢、如起屋。在佛经中将持戒譬喻为度脱苦海的浮囊，那是防止我们放逸而做不善业的保护伞。

戒的主要功能，在于防非离过、防微杜渐。受了戒的人，自然会提高警觉心，减少犯罪的机率，声闻戒戒身口恶业，菩萨戒尤重于起心动念处，但也不必担心犯戒。《菩萨璎珞本业经》说："有犯名菩萨，无犯名外道。"受戒之后难保不犯戒，但总比还未受戒的人少造恶业多造菩萨业。

2.五戒的内容

戒增上的根本项目共有五条，称为"五戒"，也是声闻戒及菩萨戒的基础，故将五戒介绍如下：

（1）戒杀生

主要是不杀人，如能进一步也不杀动物更好，乃是为了增长慈悲心的缘故。杀生的种类有：自杀、杀他、教他杀、见杀随喜。杀生的动机有：因贪杀、因瞋杀、因愚痴不正知而杀；因疑杀属于愚痴，因妒杀属于贪瞋。所以，杀生的行为，既伤慈悲心，也无智慧心。

（2）戒偷盗

不与而取，名为偷盗。暗窃是偷，明抢是盗。偷盗的种类包括：自行偷盗、教他人偷盗、见他人偷盗而生欢喜。偷盗的动机，与杀生的动机类似，所以既伤慈悲心，也损智慧心。

偷盗是出于不劳而获的心，因此，对于一些不愿好好地修行，却想顿悟成佛的人，称为偷心的人。如果不能脚踏实地，老想占人便宜，专门在期待奇迹，就是很危险的偷心了，因为那跟因果律不相应。偷盗是恶业，必将得恶果。

（3）戒妄语

言而非实是"妄语"，语中有刀是"恶口"，挑弄是非是"两舌"，淫词秽言是"绮语"，这四类都属于妄语。

妄语也包括自妄语、教人妄语、闻说妄语而生欢喜。其动机性质与前二戒类似，所以既伤慈悲心也损智慧心。妄语的人，必然自食恶果。

（4）戒邪淫

凡是不稳定、不正常，不受法律、风俗所认可的性行为，皆名为邪淫；此对个人的身心、家庭、社会，均能造成失衡现象。在精进禅修期间不得行淫欲，称为修梵行，在平常生活之中的在家人，则应遵守不邪淫。若修禅定，须修梵行。梵天行是色界天人，住于定境，自然没有欲界众生的淫行，如有淫欲，纵入禅定，必落魔境。

平常人在打坐时，生理上可能会有性冲动的现象，这种反应，对于血气方刚的年轻男子，往往会无法控制。可以用禅修的方法化解，或用勇猛精进、参话头，乃至大声的参问，性冲动便会消失。默照的方法亦最有用——只晓得自己的身体在打坐，不要特别去留意身体某一部分或任何部分的状况，渐渐地这种性反应的感觉就会消失。如果性的反应非常强烈，根本无法安心打坐，则可以惭愧心及快动作来拜佛，拜到全身是汗，性的冲动也就自然化解了。

（5）戒饮酒

酒精本身不是罪恶，饮酒的人可能酒后乱性而造作恶业。经典中曾有一个例子：有一位居士，由于误将一大碗酒当作凉水喝光，便酒性大发，失去理智，见邻居的鸡跑进他家，便抓起来杀了、煮了，当作下酒的菜；邻女来问他，有见到她养的鸡吗？居士说没有，又见邻女貌美，便强暴了她。这则故事是说，由于饮酒，竟然使这位居士连续犯下了偷盗、杀生、妄语、邪淫的四条重戒。

在精进禅修期间，由于禅修规则，故不可能违犯以上的五戒，然而回到平常生活环境之后，若不随时提醒自己是在修行，就难免会偶尔违犯。假如违犯了，应当恳切忏悔，若能如此，犯戒的机会便愈来愈少，成为一个五戒清净的修行人了。

（三）定增上

"定增上"又叫作"禅定增上"，可分为两大类：1.次第禅定，就是九次第定，是慢慢的由修四禅八定而修得第九解脱定。2.顿悟禅定，则不讲次第，不立文字、直指人心，是指中国的禅宗所传。次第禅定一定是在打坐时用的，有它的时段性，也就是说不打坐时，不在专一修定的时间内，就不算是在定中。次第禅定是小乘禅法，此处暂不论。

1.四种大乘禅法

依据中国天台智者大师《摩诃止观》介绍的大乘禅法，共有四类，称为"四种三昧"：（1）常坐三昧，（2）常行三昧，（3）半行半坐三昧，（4）非行非坐三昧。

《六祖坛经》所主张的"一行三昧"，即属于第四类的"非行非坐三昧"，又可名为"随自意三昧"，因为《六祖坛经》的〈定慧品〉有云："一行三昧者，于一切处，行、住、坐、卧，常行一直心是也。"什么是"一直心"呢？即是"于一切法，勿有执着"。如何是没有执着呢？即是"于念而无念"、"于相而离相"、"念念之中，不思前境"。也就是说，一行三昧的一直心，便是无念、无相、无住，是不论何时何处，于日常生活的四大威仪之中，皆可修行的一种大乘禅法。六祖惠能大师自己，就是修一行三昧，所以他也以之传授弟子。

2.默照禅法的定境

从六祖惠能的传记资料，很难证明他曾打坐。不过，《六祖坛经》的〈坐禅品〉中有云："此门坐禅，元不着心，亦不着净，亦不是不动。""外于一切善恶境界，心念不起，名为坐；内见自性不动，名为禅。"所以"不思善，不思恶"便是禅修方法。而在六祖惠能之前的中国禅师们有打坐，惠能之后的禅师们也都有打坐。

默照禅法虽于十二世纪由宏智正觉禅师提倡，但默照禅法的源头，主要便是出于六祖惠能禅师一行三昧的坐禅法门。现在介绍如下：

（1）不着心

不执着虚妄心，实际上就是"放舍诸相，休息万事"。当发现妄念时，不讨厌、不怨恨、不排斥、不喜欢。发现有妄念，那很好，勿拒勿迎，那就是不着心；不要将妄念当成对象，妄念就不是问题了。普通人在练习修行时，要完全没有妄念是不可能的，只要不管妄念，回到默照的方法，妄念就会愈来愈少。

（2）不着净

欣净厌垢是分别心，取净舍垢是执着心，将心待悟是生死心。故在用默照禅法时，"默"是不着一法，"照"是全体齐收，没有善不善法的分别之思，只有我在打坐的一个念头。遇到坏状况不用烦恼，遇到好状况不用高兴，心中朗然，不受影响，该坐就坐，该起便起；有杂念无杂念，皆不在乎，只管默而常照，照而常默，既不见心净，亦不见不净，净与不净，都是平等。

（3）不是不动

"不动"有两层意思：一种是不动情绪的智慧心，另一种则是心止于一念的禅定境。《金刚经》的"应无所住而生其心"不是住于禅定的不动心，而是不动情绪、执着的智慧心。入了一般的次第禅定后，身不动、心不动——身不动是坐姿，心不动是住于静境。禅宗的坐禅，不是教人"常坐不动"，亦不是教人"看心观静"，乃是于相而不着相，于念而离于念，念念之中不思前境。知有相是照，不着相是默；知有念是照，离于念是默；念念分明是照，不思前境是默。因此可知，默照禅法的源头，是与《六祖坛经》接轨的。

不论是次第禅定或大乘禅法，"舍"了一境又一境，乃是基本原则。例如：四禅中有离生、定生、离喜、舍念等，都是在进入一种定境后，便当舍离，始能更上一个层次。逐层的舍，连四无色定也舍掉，即成为是舍无可舍的涅槃境——其实没有涅槃，乃是不住于境，故大乘禅法要讲无住。《金刚经》说："凡所有相，皆是虚妄。"执着定境的不动相，也是虚妄境。因此，《六祖坛经》主张"定慧一体"，也就是说，大乘的禅定和智慧是不一不二的，是体用不离的。

定是默，慧是照，定慧一体，即是默照同时。

（四）慧增上

慧，梵文称之为般若，这和英语中的 wisdom，以及中国人用的智慧，意思稍有不同。我曾经说过，智慧的梵名是般若，它不是知识、不是经验、不是学问，而是无我的态度。

1.佛法根本即智慧

智慧增上，虽列于第四项，其实，第一信增上，即需信佛的正见，也就是依佛的智慧，来指导我们信什么——信三宝、信自性即佛性；持什么戒——有七众声闻戒及大乘菩萨戒；修什么定——有世间定、出世间定、如来定，亦即四禅八定、九次第定及一行三昧等大乘禅法。如果缺乏正见，前面三种增上都会有问题，就有麻烦了。那便可能变成了迷信，可能是持狗戒、牛戒、鱼戒等的苦行外道，也可能是修习与贪瞋等夹杂的邪定了。所以在四种增上之中，均以慧增上为依准，行者未开慧眼之前，须援用佛菩萨及诸善知识的智慧，来修前三种增上，待开了慧眼之后，仍以和佛菩萨及诸善知识相应相同的智慧，继续圆满四种增上功德。

从禅宗《六祖坛经》的〈般若品〉中见到："菩提般若之智，世人本自有之，只缘心迷，不能自悟，须假大善知识示导见性。"又说："一切般若智，皆从自性而生，不从外入。""一切时中，念念不愚（迷），常行智慧，即是般若行。"又说："般若无形相，智慧心即是。""前念着境即烦恼，后念离境即菩提。""当用大智慧，打破五蕴烦恼尘劳。"

由《六祖坛经》中所明的般若智慧，即是菩提的异名，亦是悟见自性的功能、是不执着诸境的觉照力用。智慧是离相而无相的，因为离一切相，所以能如《心经》所说的："照见五蕴皆空，度一切苦厄。"这便是慧增上，亦即六波罗蜜中的智慧波罗蜜。也可以说，佛法的根本，就是智慧。世间的一切知识、学问、聪明、才智，虽是有用，却不能破除烦恼，唯有离诸相、离执着的般若智，才是波罗蜜多（度脱），才能开悟而出迷愚的世间。

2.般若为基，信戒定相依相生

因此，在释迦牟尼佛悟道成佛之前，这世间尚无般若智慧，在佛悟道之时的能悟之心便是智慧心，成道之后所说的一切教法，都是从佛的大觉智海中流露出来，我们后世的一切佛弟子，皆因佛的智慧之教而获大利益，甚至也能开发各自心中的本有佛性，也是仰赖佛智的引导而浴于佛的大智海中了。

四种增上，以信增上为方向和目标，以戒增上为行为的准则，以定增上为修三昧的方法，以慧增上贯串悟前悟后。这四种增上是相互依存的，四者若缺其一，便不是正确的佛法。

有些人为了求财、求子、求寿、求官运等而到神祠、神宫、鬼灵显现处许愿拜祭，那是民间信仰，不是正信的佛教，因其缺少戒、定、慧的三种增上。

有些人与佛教徒相同，也持五戒，目的是为现世福泽，称为人天善法，不是正确的佛教。因其缺少对三宝的信心，未曾修习禅定，未与佛法的智慧相应。

有些人修习禅定的目的，或是为了健身，或是为求神通。其结果，禅修的道场，变成了健康中心；禅修的方法，变成了魔术棒；禅修的人士，变成了气功师及魔术师。最危险的是修定入魔，自称是神再来、是佛菩萨化现，说得好听是新兴宗教的创教主，说得不好听，则是巫筮性质的江湖术士。

几年前，台湾有位中学教员突然变成了一位教主，他叫他的几十户信徒们移民到美国德州的一个小镇，准备乘飞碟升天。这使得台湾、美国的新闻媒体和警察单位都很紧张，就怕他们像几年前的人民庙教派那样集体自杀。后来，约定的日子过了，并没有上帝真的来接他们升天，也就不了了之了。

修习禅定，假如不用佛法的智慧做指导，最高点也可能获得四禅八定，但却极可能有许多的副作用产生。只要心里有所期待，就会有状况发生，有的是神经错乱，有的则是一些幽灵或灵体趁机而入。因此，遇到任何身心的状况时，都要"放舍诸相、休息万事"，这是最安全的。"凡所有相，皆是虚妄"，就是《金刚经》的智慧所见。

3.智慧是无我的态度

智慧不是知识、学问、经验，而是一种无我的态度，但是真正要具备无我的态度是相当难的，常人必须要练习修行的方法。如果不透过方法的修行，而自以为已有无我的态度者，就是常人口头所说的："我不在乎人家怎么看我、怎么说我的！""我绝对不是为我自己设想的！""我全部都是为了你们！"这就是一种傲慢心。或者说："我没关系的啦，我真的什么也不懂！""我不重要的啦，真的不要把我算在里面！"则是一种自卑心。很多人误以为傲慢心与自卑心便是无我的态度，那是错的。

根据《六祖坛经》所讲，般若和智慧既是一种修行的方法，也是一种修行的体验。没有开悟的人，用它做为方法；开了悟的人，它就是经验。怎么说呢？《六祖坛经》的〈般若品〉里用三个名词，形容摩诃般若波罗蜜："无住、无往、亦无来，三世诸佛从中出。"无住，是不住于现在；无往，是不执着过去；无来，是不执着未来。如果具足了这三种心，就等于超越了时间上的现在、过去、未来，不受三世所限，便是大智慧者，便能与三世诸佛同起同行，三世诸佛即在现前的一念心中。

有的人想象力很丰富，认为真能与三世诸佛牵着手同行，想象之中真是太微妙、太有意思了，其实这只是对大智慧心的一种形容，因为没有执着，所以智慧心的功能"竖彻三世际限，横遍十方涯畔"。

只有此心彻底地不住于过去，不住于现在，不住于未来，才能够绝对地自由自在，这个时候称它为"无心"。不过，当你在练习用方法时，可以先有现在，而不管过去，不管未来。念念念于现在，念念放下现在，这便是不住于过去，不住于未来，也不住于中间的现在，这就是"中观"，亦名"空观"。此心如《六祖坛经》所云"于一切法上，无有执着"，亦即一行三昧。

《六祖坛经》的这个观点和《金刚经》所云："过去心不可得，现在心不可得，未来心不可得。"是相同的。过去的已经过去，未来的还没有开始，现在的这一念，介于过去及未来之间，既无过去及未来，现在这一念缩短到极限，也是不存在的。若从智慧之心所见，念念只见过去的前尘及未来的梦景，现在的状况并不存在。凡夫不能亲证，因此，要用禅修方法来体验它，体验念念不住，念念不牵挂前尘，不憧憬后影，也不住于现在极短的一点，这实际上就是修刚才所讲中观、空观、一行三昧。初用功时的下手处，仍得要随时随地练习在方法上，不论有什么好的、坏的，以及各种各样的心身状况反应时，都不要去执着它，放舍诸相，只住于方法；当把方法用到既不执着前、也不执着后的时候，那就可以连中间的现在也不执着了。不过，没有执着三世的情绪心，仍有如实应用的智慧心。至此便可了解《金刚经》所说"应无所住而生其心"的深意了。

4.无念、无忆、无着

此外，《六祖坛经》的〈般若品〉里，还有三个名词是可用在方法上的，那就是无念、无忆、无着。它的原文文句是："智慧常现，不离自性；悟此法者，即是无念、无忆、无着，不起诳妄。用自真如性，以智慧观照，于一切法，不取不舍，即是见性成佛道。"这是说，每一个人的智慧，是经常现成的，因其未离每一个人的自性。若能悟得这个智慧之法，即是由于无念、无忆、无着；悟后的智慧之心，便是无念、无忆、无着、不起诳妄。所以真如自性之用，即是智慧观照的功能。如何才算是智慧观照？那是"于一切法，不取不舍"，也即是放舍诸相而至舍无可舍，连舍亦舍，那就能够见性成佛了。

现将无念、无忆、无着的修行方法，条列说明如下：

（1）无念

即是念念于念而无念，即使把心系于方法，也是妄念，是以方法的妄念取代散乱的妄念，既不住于散乱的妄念，也不执着方法的妄念。有散乱的妄念时，就用方法的妄念；没有散乱的妄念时，连用方法的念头也是该舍的妄念。当在执着妄念之心，成了不取不舍之心，便是无念的智慧心现前。

（2）无忆

就是不要回顾刚才使用修行方法的这个念头，只要一回顾，便成攀缘过去，那就离开了正在使用的方法而成了妄念。因此，已经过去的念头究竟是怎么样，不要去回顾它，不论是好的、不好的，均不要执着牵挂，不取不舍，便是如实地以智慧观照。

（3）无着

也就是不要有取舍心，既不要执着诳妄的散乱心，也不要执着使用方法的专注心；既不要执着使用方法的专注心，也不要执着方法绵密时的统一心；既不要执着与宇宙化合的统一心，也不执着纯净自在的解脱心。到了此时，才是不取不舍的大智慧心现前。

其实，无念、无忆、无着的不取不舍心，就是默照同时的大智慧心，既然是默，当然要晦、要隐，可是心里非常清楚，这就是照。只是对于身心环境的一切现象，虽会如实因应，但已不起诳妄的自我执着心，这就是默照同时。这种默照同时的工夫，其实也就是"应无所住而生其心"的境界。

三、保任（四种辅助法门）

前面已经解释了四种增上，接下来将陆续说明四种增上的四种辅助法门：

（一）以求法闻法心，来坚固信心增上。

求法闻法，乃是修学佛法者的基本工作，因为信心的成长，要靠多闻熏习、亲近善知识、远离恶知识，求法闻法依教奉行，便可由仰信、解信，而至于证信。

修学佛法的第一个基本的原则，就是要将信心建立起来。如果信心不坚定，其他的都谈不上。

"信"有许多的层次：

1.迷信

第一个层次是"迷信"。也就是自己不知道、不清楚，不管是什么，只要有人相信，我也跟着相信，是盲目的信仰。所谓不清楚，也就是没有一定的道理，就是"人云亦云"，人家信，自己也跟着去信。还有信的目的不纯粹、不清净，是为了得到不合理的利益，而相信一样东西或者是人、或者是无形的鬼神。所谓不合理，就是不合因果、不合逻辑。像这种信仰，就是民间信仰的层次。

迷信并不等于没有用，迷信也可以有若干的功能。但是因为它不合理，所以有后遗症；因为不合理，所以未必见得有用。如果真的有一些用处，也只是寅吃卯粮，只是借贷的性质。借了高利贷，借了多少钱，将来要还的钱更多，双倍以上的还。

2.仰信

第二个层次是"仰信"。仰信是听着可信的人，譬如听释迦牟尼佛说，或者是听某某善知识说修行有用、说佛经怎么讲、说修行禅法会得到什么样的结果，那是我们自己不知道、不清楚的道理，只是听到对方讲，因为我们相信这些人的人格，我们相信这些人不会说谎、不会骗我们，于是我们相信，这就是仰信。也就是说自己是不清楚的、不了解的、不明白的，但是有比我们智慧更高的人，他们福德智慧都超过我们，值得我们相信他们讲的话，我们接受他们讲的法，他们信了我们也跟着信，这个叫仰信。

我们对于佛菩萨和所谓神明的崇拜，往往也都是在这个阶段。在"仰信"的阶段，对象并不一定，凡是他有特殊的技巧、技能，或者是他的成就特别高、特别大，我们一般的人做不到，就会对他产生崇拜的信仰。这种好不好呢？很好啊！虽然我们做不到，但是见贤思齐也不错的。

3.解信

第三个层次是"解信"。解是理解的意思。从道理上能使你觉得这是值得可信的、讲得通的，而且正是你需要知道、所向往的，而其他的人没有讲过，只有佛经里面讲了，或者是在大善知识写的佛书之中讲了，因此你就相信。从文字、书本、理论而进入佛法之门，这些都是解信。

仰信比较容易，解信要花时间研究以及理解。有很多的学问家或知识分子，都是从"解"而进入佛门。禅宗主要是靠证信而不是解信。可是证信如果没有解信的基础，这个证可能有问题。切切不可以不懂佛法、不懂佛经，而以自己修行的体验来解释佛经，那就是以外道见来看佛法的正知正见，也就是用非正见来解释佛法，而就把佛法变成了外道法。

重视禅修的人，不一定要去做学问家，不一定要去考证，从文字上来做整理，从资料上来做汇整、研讨、探索，不一定！但是正确的、基础的知见还是要有。所以解信是不论是谁，不论是哪一宗、哪一派，这是共同的基础。然后才能够谈到证信。

4.证信

第四个层次是证信。也就是说，学习了解的同时也照着去做。照着做的时候，做多少就兑现多少，这样子会觉得："真有用！"有用，就会产生信心。

所以证信是通过自己的体验，无论在生活上或是自己禅修的过程中实际体验佛法，用佛法的观念和方法照着去做；在生活中得到利益，在身心的健康得到受用，待人接物得到好处。对于生存环境的看法、想法和体验，跟过去完全不一样了，这就是让我们得自在、得解脱，这就是慈悲和智慧的现前。而究竟是谁在修？谁在用？谁得利益？是自我得利益，自我得解脱。以自我得到的利益，再分享给和我们相关的所有的人，或者是我们能够接触到的所有的人。

凡是用佛法自利而又利他，那是真正的已经体验到、得到佛法的利益，会让我们不仅对三宝产生信心，也会对自己产生信心。因为只要用、只要练，就能够成功、能够得到利益。因此我们自己的身心就是一个道器，就是一个练习、修持、弘扬、护持佛法的工具，我们就会相信自己是很重要的，能够修学佛法、能够弘扬佛法、能够实证佛法。

我们自心中如果证信完成了，或者是证信生起的时候，我们自心就是和谐的，就是和合的。我们的自心没有矛盾冲突，跟外境也就没有矛盾冲突，都是和合、和谐的。进一步而言，因为没有自我的执着，没有自我的棱角，因此和任何人、事、物都能够相应。因为没有自我中心，只有众生而没有自我，如此，自己就和佛、法、僧三宝是一体的，这叫作"一体的三宝"。

如果我们修行佛法而进到证信层次的话，心外没有三宝，自心就是三宝，这个时候是不是说我们不要拜佛了？不要看经了？也不要供僧了？错！自心本身就是三宝，当然你会自然而然地信佛、学法、敬僧，否则的话，你就是在自己否定自己了。

（二）以知过忏悔心，来保护持戒清净。

知过忏悔，乃是用忏悔心来扶助戒增上，因为凡夫受了戒，随时还会犯错，如何弥补犯错的行为？便是要忏悔。在声闻戒的忏悔，主要是针对身、口二业的恶不善行及恶律仪要忏悔；大乘菩萨戒的忏悔，包括身、口、意三业的恶不善行及恶律仪，都要忏悔。声闻戒在于长养出离心，菩萨戒重在长养无上菩提心。

持戒的目的是为了保护修行禅定成功，可是持戒而不犯戒是很难的，也就是说接受了戒的准则和规定之后，常常还是会犯错的。因此，《菩萨璎珞本业经》中说："有犯名菩萨，无犯名外道。"犯戒之后要以忏悔心来修补。一次次地犯戒，一次次地忏悔；一次次地忏悔，一次次地改善，终至于持戒清净。声闻戒的忏悔方式，有犯小错的自责己心忏悔、得罪了某一个人时的当面对首忏悔、犯了稍大的过失须在三人中忏悔、犯了大过失则要在十人或二十人前忏悔。大乘菩萨戒的忏悔方式，则有自责己心忏悔、在佛菩萨像前忏悔，乃至要礼三世诸佛，恳切忏悔，直到见光、见华等瑞相现前，始知罪已忏除。

不一定要犯了什么重大的过失，才需要忏悔，而是随时要存忏悔的心。因为不仅今生曾犯的过失，往往已经忘了，何况过去世的无量劫来，有许多许多的行为是不正确的，有意无意，伤害了他人也伤害了自己。有的是因贪心，有的是因瞋心，有的是因愚痴心；凡是做了害人害己、或知或不知、或忆或不忆的恶事，这都是需要忏悔的。

忏悔，可以使得烦躁、闭塞、不开朗的心，变成清凉、豁达、很舒坦的心。不忏悔，则会使得自己假借理由来推卸责任，而犯下更多的错误；犯了错误还找理由，以为是正当，这就是邪见了。邪见是不知因果、不信因缘，自己造了恶业，还认为是理所当然。

通常的人，都会认为他们自己是个善良的好人，只有受过他人的伤害，自己是不曾伤害过他人的，因为自己从没有做过杀人、放火、强暴、抢劫等的这些坏事。但是，当我们在修行禅定、听闻佛法之后，就会发现自己所犯的错误及过失是蛮多的，自然而然就会生起忏悔心。因此，忏悔能护持净戒，修习禅定不得力时，要知道忏悔。

在二十世纪的三○年代，日本的帝国主义者，制造了一个"大东亚共荣圈"的好理由，认为中国太穷、太落后了，所以便发动侵略中国的大东亚战争，理由是为了帮助中国人。这样的理由，有点像一个寓言所说：曾有一匹狼，看到有一只羊要过河却过不去，狼就说："我来带你过河，不带你过去的话，你会不安全，我心里真是不放心。"羊说："你这么好心，真是谢谢你，可是你怎么带我呢？"狼说："最安全的就是进入我的肚子，那就会永远安全了。"这似乎很有道理，若要叫那匹狼承认错误而来忏悔，那就难了。除非侵略者受到大挫败，才不得不忏悔，普通人是不容易承认自己错误而愿自动忏悔的。

一般常人，平时不知要忏悔什么？如果遭逢灾病厄难祸事，尤其是中国人，便相信延僧拜一堂什么忏，例如：水忏、大悲忏、梁皇忏之类就没事了，这不是没用，就信仰上这也真的有用；但在祸事过后，又不知要忏悔了。其实，忏悔是日常生活中，随时都该做的，表示对于所犯的过失负责，是诚实的做人原则。

如果在修习禅法之时，心绪不宁，妄想杂念太多，便是心浮气躁的业障现前，此时应当以至诚恳切之心，做忏悔礼拜，一边礼拜，一边口念心系："弟子某某人，至诚忏悔，先世今生，一切恶业，尽皆消灭。"或者礼诵〈忏悔偈〉："往昔所造诸恶业，皆由无始贪瞋痴，从身语意之所生，今对佛前尽忏悔。"诵一遍，拜一拜。经过忏悔礼拜之后，心绪就会沉稳，可以顺利打坐了。

以上所说，不论是声闻忏法或是菩萨忏法，都属于有相忏，《六祖坛经》更说有"无相忏"的法门。那是自性已明者，随师称念："前念、今念、后念、念念不被愚迷染、不被骄诳染、不被嫉妒染，愿从前所有恶业愚迷等罪，所有恶业骄诳等罪，所有恶业嫉妒等罪，悉皆忏悔，愿一时消灭，永不复起。"忏者忏其前愆，悔者悔其后过，今已觉悟，悉皆永断。因为"罪性本空由心造，心若灭时罪亦亡"。犯过失造恶业，皆由情执的虚妄之心，迷情不除，业障不消。一旦情消执亡，明心见性，性本空寂，罪亦不存，所以最上的忏悔是无相忏法。但亦切切不可否定有相忏法对于初机修行者的重要性。

（三）以柔软忍辱心，来促进禅定增上。

柔软心即是忍辱波罗蜜，似乎与《维摩经》所说的"直心是道场"不一致。

若依《六祖坛经》所解释的"一直心"是"于一切法，勿有执着"，等于就是不受一切境界所动的忍辱心及柔软心。《六祖坛经》中有三处提到"不思善，不思恶"的心，其实也是柔软忍辱的一直心。世界上最柔软的物体是水，修行人最柔软的态度是忍辱，禅修时最有力的工夫是一直心。

水的适应性很强，因为它柔软，所以能适应一切状况，能随机缘而变化多端。常流的溪水，遇到了小石头，它会翻过石头或把石头带着走；遇到了大石头，水就绕过石头从缝里渗透着走；石头太大、太多，形成了堤坝，挡住了去路，水就停在那儿，变成水池、水库，等水慢慢多了之后，再从挡住的那个堤坝上翻过去；如果天旱，太阳强、温度高，水就变成蒸气，升空而去。水就是这个样子，它总是有办法过去的，可以化零为整，也可以化整为零，遇到什么样的环境，它都能以柔软的姿态来如实地因应。

冷天，水会变成冰；热天，水会化为气；在天空，水会变成云雾；遇到冷风，云雾会变成雨、霜、雪。它随时随地都可以变化成不同的形态，但只要一有机会，又可以变回了水。因此，水的本质没有变，永远是水，但是它的形态可以千变万化，也可以根本不变，只是为了适应环境的状况而暂时改变了形状，这就是可资禅修者们学习的柔软心、忍辱心、一直心。

默照禅的炼心过程是：放松身心、收心摄心、集中心、统一心，放下统一心，即是无心。不是像木头、顽石、死人一般的没有心，乃是打破自我情执的烦恼心之后的智慧心及慈悲心。

若要实证无心，必须先以柔软心，修习默照禅法，当在实证无心之后，那就是柔软忍辱心的完成。因为自己没有一定要坚持什么思想、观念、立场，唯一的原则就是对人要有慈悲，对己不起烦恼。对自己不起烦恼是解脱自在，对人要有慈悲则是利益众生。为了利益众生而自己不起烦恼，便是利人利己的菩萨行，为了修持菩萨行，可以千变万化，应人、应物、适应环境，这就是将修行默照禅的柔软心、忍辱心、一直心，用在日常生活中了。

在精进的禅修期间，在禅堂用方法之时，遇到身心上的任何状况，都要用柔软心来面对它、接受它、处理它、不去管它，便是适应它了。对于逆境的状况，要适应它，对于顺境的状况，也用同样的柔软忍辱心来应对它，那才能够默而常照，照而常默，默照同时，超越了好坏得失的情执之心。

象冈道场曾为从台湾来访的八十位信众，办了两天的禅修活动。在那两天之中，有一个节目相当有意思，那是每个人从湖边托着一碗水慢慢地走回到禅堂来，途中不能泼出一滴一点，并且自我约束："如果流出一滴，就等于丢了一个头。"有的人很贪心，把水装得满满的一碗，走不到几步水就流出一滴，虽然很快走回到禅堂时，但几乎丢了几十个头，这就是心不够柔软，没有耐性的结果。也有人一开始很谦虚，只装了八分满的水，慢慢地走回到禅堂时，一滴也没流出来，这就是用柔软心和一直心的锻炼方法，所得的效果。

（四）以惭愧精进心，来维护智慧增上。

智慧是没有我执的态度。可是，当释迦牟尼成佛之后，也是会说"我，如来！"或"我，佛！"，但这个不是情执烦恼的我，而是智慧慈悲的假名我。为对众生而言，如来还是要以假名讲我。

对于正在修行中的人来说，所谓智慧，应可分成未见佛性之前，以及见了佛性之后的两个段落。

1.因惭愧而生精进

如何养护增上这两个段落的智慧？关键就在"惭愧心"。对于三宝、对于众生、对于自己，应修的未修、应断的未断、已修的不足、已断的未尽，都当感到惭愧。当在尚未开发自己的智慧之前，应当运用佛及诸善知识智慧的教法，精进修习。见性之后，所得的智慧性质，虽与诸佛相同，但所得的智慧力用，仍与诸佛有天壤之别，犹如毛端一滴水与四大海水相比，湿性全同，但量体悬殊。有些狂士，看过一些禅宗语录，就满口的佛言祖语，听起来他们似乎已经大悟彻底，已与诸佛平坐平起。

事实上，如果自己尚未成佛，就用佛的口气训人；自己尚未开悟，就用祖师的悟后语卖弄；自己尚不是明眼的善知识，就用善知识的姿态来以盲引盲，这就是不知惭愧的人了。麻烦的是，不知惭愧的人往往未得谓得、未证谓证，也不会再去精进修习了。

《华严经》的〈梵行品〉有句话说："初发心时便

成正觉。"也就是说刚刚发起无上菩提心的人，就已经是成佛了。没有错，成的是因中的佛，不是果上的佛，就像是婴儿刚刚入母胎，已经确定是一个人，但尚不是成人。修行时，如果开了真的智慧，能把自我中心的执着放下，就会体验到无我的空性，就是见到佛性，已经确信自己必将完成佛果，唯距究竟圆满的无上菩提，还有很长很长的道路要走。所以见了性的人，更需要常生惭愧心，常起精进心。

不知惭愧、不能精进的修行人，不是懈怠放逸的懒人，便是得少为足的狂人。所以禅修者必须随时警惕，要不离惭愧心，常保精进心。

2.稳健踏实即足蹈莲华

精进的目的，是为了开启智慧、长养智慧。四种增上，都是精进的范围，四种增上都须以智慧为准则，也都是以开启智慧、长养智慧为宗旨。打坐、拜佛、看经、忏悔、做大布施等每一个项目，也都得精进；每天的二十四小时中，每一小时的每一念，常常在照顾着默照的工夫。中国禅宗的老师们，经常会问说："走路的脚跟着地否？"意思是说在每一脚踩下时，脚尖、脚掌、脚跟，是否都是脚踏实地？如果步步着地踏稳，便等于步步足蹈莲华，否则可能步步泥淖，乃至寸步难行了。

有人由于性子急躁、心思散漫、情绪不宁，以致工作时紧张慌乱，左手拿东西，右手丢东西，走路时右脚未踏实，左脚在摇晃。像这种手足无措、六神无主的状况，也可算是脚跟不着地，也不是精进的态度。精进用功的禅修者，应该是在任何状况下，不论快慢缓急，都能保持踏实、稳定、轻松、自然，夙夜匪懈，犹如川流不息。禅修者在修行过程之中，每一念都很清楚地落实在自己的方法上，中国的谚语说："学问如逆水行舟，不进则退。"精进不是拼命，休息不是放逸；精进是细水长流，休息是养精蓄锐，补充调理。

例如在慢步经行时，每一步都是非常踏实稳健，轻松自然地一步一步往前移动，便不会感到身体有多少重量和负担了，好像一缕棉絮、一片羽毛，在空中随风飘动般地轻灵、柔软。

学会了正精进的用功态度，即使面对再严重的状况、再重大的计划、再复杂的事件，也不会有压力感、不会忧愁、不会着急，只是按部就班、持续不断地、一项一项处理下去。每个人只有一个头、两只手、两只脚，每天只有二十四小时，一个人做不完的，当多结合几个人来做，今天做不完的，明天、后天再做；该睡觉时要去睡觉，该用饮食时就去用饮食，遇到困难阻碍，就想办法运用因缘来解决。绝不轻易改变方向，也绝不放弃朝着目标努力的心愿。

3.不放弃也不放逸

养成正精进的习惯，便会将懈怠放逸的各种理由，放在一边，踩稳脚步，继续往前走。例如有一次，我在书桌上发现一只蚂蚁，我的第一个念头是想将它请走，但不知它的家在哪里，便由它自己离开吧！我的桌上有铅笔、纸张、书本，还有几滴从杯子里泼出来的水，我看到这只蚂蚁真有勇气，也有毅力，当它遇到铅笔时，知道过不去了，冲不过去、钻不过去，但绕个圈子就过去了；遇到书本时，用触角试试、探探，用脚掌摸摸、摇摇，没有停下片刻，接着又从书本上爬过去了。然后看到一滩水在那里，先用触角探了探它是什么东西，觉得过不去时，就想绕着水的外周过去，但此时的那几滴水，已经连在一起，将水域的范围拉长、拉大了，蚂蚁跑过来跑过去，碰碰这边、碰碰那边都是水，可是它并不放弃，居然从水面上游过去了。我真是佩服蚂蚁这种坚强的意志力，什么都挡不住它；它不放弃、不放逸，好像也没有慌张和着急，我想我们应该学学这只蚂蚁的精神吧！

正精进的态度，也像《伊索寓言》中龟兔赛跑的故事。乌龟爬得慢，兔子跑得快，但是乌龟脚踏实地，步步为营，锲而不舍，从从容容地走完全程，而兔子心想："哼，我反正是跑得快的！"跑不了多久就停下来休息睡觉，一觉醒来，发现乌龟已经先到了目的地。我们要学的精进，就是那只乌龟的精神。

四、长养

在说明了默照禅法的修证观念及修证方法，以及信、戒、定、慧的四种增上与保任这四种增上的辅助法门之后，另外要特别一提的是感恩、发愿、回向、亲近善知识的重要性。

（一）感恩

为了饮水思源，我们应对父母、师长、朋友、配偶、子女感恩，应对提供我们修行观念及修行方法的佛、法、僧三宝感恩，也要对一切众生感恩。最重要的，不仅感恩顺增上缘，也当感恩逆增上缘。

（二）发愿

要发"上求佛道，下化众生"的大菩提愿，要发"自求出离三界生死，出离五趣苦海"的大菩提愿，要发"不为自身求安乐，但愿众生皆离苦"的大菩提愿。

（三）回向

愿将自己的禅修功德，上报一切恩，下济众生苦。回向即是分享，以自己的修行所得，让他人乃至一切有缘的众生共同分享，身体力行，自利利人，广种福田，多结善缘。

（四）亲近善知识

我有一个弟子听到《华严经》里一位善财童子参拜了五十三位善知识的故事，就对我说："我也要学善财童子，准备访遍全世界所有的善知识。"有这样好学的心，当然很好，不过，善财童子最初是由文殊菩萨的指点，告诉他去看哪一位，然后再由那一位善知识指导他再去看另一位善知识，如此辗转，一位介绍一位，最后再回到文殊菩萨之前报告说，已经参访了五十三位善知识。这就如同是我把学生送到一所大学，交给大学部的教授、硕士班的教授、博士班的教授，前一位教授指示去找下一位教授，当他学成之后，又回到我的寺院。所谓善财童子五十三参是这样的一种状况，并不是像无头苍蝇那样地到处乱飞乱闯，那就不是遍访善知识的大修行者，而是闯荡江湖的"马溜子"了。

一般的初学者，一定要有一位具德的真善知识，做为依止、亲近、就教的本师，等到一门深入而有了基础之后，才不妨在本师善知识的指导下，去其他地方参学。如果发现依止的本师，不具正见、不具律仪、不善教示，便可如良鸟，择木而栖。

有些人经常换老师、换方法，虽也没什么不好，但也未必真的好。譬如一个病人，如果经常换医生，有可能找到有缘的医生，但更可能失去了除病的机会；因为再高明的医生，也需要时间来熟悉你的病况，所以我看医生是不会时常更动的。如果天天换医生，每一位医生都给我处方下药，那我不是变成试验用的白老鼠了吗？修行也是一样，老师换多了，就可能变成了修行的白老鼠。

一门深入是要专精的，这并不是反对"法门无量誓愿学"，但是一定先要有主要的法门之后，才能思考修学其他的法门，并以此来利益众生。

而善知识分有三类：

1.教授善知识

教授就是老师，是指从释迦牟尼佛开始，每一代传承的老师，也包括了现在的老师。当然，每位居士都可以有许多位老师。

2.外护善知识

外护，就是能够协助你、成就你来修行的人，就像你们的家人、老板及同事，还有许多赞助修行道场的护法信众。

3.同修同行善知识

是在日常生活里一起修行的人，譬如家庭夫妻，称为"同修善知识"，禅修者与禅修者在一起，称为"同行善知识"。而我虽然是许多人的"教授善知识"，但是他们也都是我的同修同行善知识，这叫作互为善知识。

禅修的最高目的，当然是为了明心见性，若希望明心见性，必须在大善知识的指导下精进修行，所以《六祖坛经》的〈般若品〉说："只缘心迷，不能自悟，须假大善知识示导见性。"阅读佛、祖师的经论语录及著作固然有用，也很重要，若能亲近真善知识，则更加省力、更加安全了。故在《六祖坛经·机缘品》的永嘉玄觉条中，有一位玄策禅师，鼓励玄觉禅师去参访六祖惠能，而谓："（不用真善知识证明者）威音王已前即得，威音王已后，无师自悟，尽是天然外道。"依据《法华经》所说，旷劫之前的最初一尊古佛，名号威音王，在这之前更无一佛，故在无佛的旷古之前，威音王佛是无师自悟的，此后皆须师承证明，否则便是天然外道。也可以说，在此地球世界，尚未有释迦世尊成佛之前，没有真善知识，释尊成佛是无师自悟的，此后祖祖相承，皆须师承证明，否则，便是天然外道。

如今已离佛世遥远，若在边地、或逢乱世，真善知识难遇，若有不遇善知识而能依经教，不依经验，自行化他，精进不懈，便是大修行人。倘若自擂自唱，而云自修、自悟、自作证，自称是佛、是圣的人，恐怕就是天然外道了！

禅期圆满之日，正是另一个禅修阶段的开始。时时都要以初发心的新鲜感及谦虚心，在正知见的原则下，将一切众生都当作善知识来看待，善知识是好师友，恶知识是活教材。魔眼见诸佛，诸佛也是魔；佛眼见诸魔，诸魔也成佛。

　　（公元二〇〇一年五月十九日至六月二日，讲于美国纽约象冈道场十四天的默照禅期，初稿由姚世庄居士整理，同年十一月二十四日至十二月八日我又重写一遍，增补了不少内容）

第二篇

象冈默照禅十开示

〈第一天：晚上（报到日）〉
放松放下，准备用功

一、师父引进门，修行在个人

这是我在美国主持的第九十八次禅期。过去曾经主持过七天、十四天，以及四十九天的默照禅，十天的默照禅则是第一次。但是，不管是七天、十天、十四天、四十九天，其原则与方法完全相同，只是练习的时间长度不一样。

此次禅修有几项较为特殊的事：有九十八位禅众参加，另有十位义工，总共一百零八位，这个数字蛮有意思的。将一百零八个人当成一百零八个烦恼，就是要将这一百零八个人的烦恼全部除去。但是，请诸位不要迷信刚好一百零八，就表示你们每一个人都可以开悟了，还是要好好用功才行。

到现在为止，我在东方、西方，与我有传法关系，也就是经我印可，允许他们主持禅修的，共有六位，其中有三位参加了这次的默照禅十。但是你们不必去找、去猜是哪三位？禅修期间，他们跟大家一样是同修伴侣。此外，这次的禅众之中，也有几位是资深的内观禅老师。

因此，这次的默照禅是相当殊胜的。但是，老师引进门，修行在个人，好的老师，不一定有好的学生；好的学生，也不一定就表示他的老师是那么地好，这是在于各人自己的善根及用功。如果善根不够，更是需要用功，用功之后种下善根；如果善根深厚而不用功，那个善根只是个根，没有浇水，没有遇到阳光，就无法成长。所以，在禅期中，必须要靠你们自己努力用功，"各人吃饭各人饱"，师父是没有办法代替你们的。

用功的意思，是不浪费时间去自寻烦恼，不要浪费时间懈怠、懒散，而是要锲而不舍、持之以恒，不去想失败或者成功的问题，只是不断地把心用在方法上。用功的原则，就是不要害怕有妄想，但是不要跟着妄想跑，这看起来好像很矛盾——不要怕杂念又要不跟妄想跑。不怕杂念的意思是什么？就是不要故意自己找杂念，不要故意胡思乱想，但也不必讨厌有妄想、杂念，只要不跟着妄想、杂念跑就好。当发现有妄想、杂念时，不需要懊恼、后悔，不要再问刚才那个杂念是什么？而是赶快回到方法。这就是不怕杂念、不怕妄想，也不跟着妄念跑，如此一来，妄想、杂念便会自然立即消失。

二、保持新鲜的感觉

修行默照禅的首要原则，是将身体放松；包括肌肉、神经，练习着从紧张成为放松。神经紧张，肌肉自然就会紧张；脑神经紧张，身体上其他部位的神经也会紧张，关节也跟着紧张，身体就会变得僵硬而容易疲倦，这与修习默照禅，便是背道而驰了。

平时如果运动量少，或者在某些部位曾受过伤，打坐时可能在某一部位或某些部位会酸痛，例如腿痛、背痛，甚至胸部痛，这都是正常现象。如果痛得非常厉害，已经无法再安心，那就不需要忍痛，背痛就弯腰，腿痛就放腿。当然，轻微的痛是没有关系的，反而能够使你的心念较为集中。

这次有二十四位是第一次参加我所主持的精进禅十，也许这二十四位曾经跟我的弟子学过初级的禅训，或者参加过其他道场的禅修，不过，到了这里，就不要再管过去所学，应该完全听从这里所指导的方法。不论是第一次来，或是已经跟我禅修超过二十五年的，都应该认为自己是刚刚开始修行，每一个念头都告诉自己："这是新鲜的，我是才开始修行的。"禅修，最可贵的是初发心，请大家保持着新鲜的感觉。

三、只在当下

禅修期间，对好的状况不必沾沾自喜，更不要希望、追求有好经验出现，这种追求心就是散乱的妄想心；对坏的状况、不好的经验，也不必讨厌。不论是身体、头脑，任何一种好或不好的状况，请你把它当成是幻境，你现在唯一的工作、任务、责任，就是用方法。

也请大家不要数时间、数日子，不要老是看着手表，计算着过了多少时间，这种心态是非常地糟糕，只会让你痛苦、焦急、焦虑，那不是在修行。修行只在当下：现在、现在、现在……，除了现在，只有现在。不去想还有多少时间？几天前究竟做了什么？不想过去，不想未来，只想现在，离开现在，就是在打妄想。

修行期间，不要管他人的好与坏，别人有什么动作，跟你没有关系，你只要专注在方法上。如果坐在蒲团上很不舒服、很痛苦，可以坐到椅子上。当然，坐蒲团要比坐椅子舒服、稳定，坐椅子是不得已的事，如果看到别人坐椅子，自己也想去坐坐试试看，那你就上当了。

今天是第一天晚上，所以先不讲方法，照理说你们应该已经有方法了，不管是从哪里学的，如果实在什么方法也没有，就坐在蒲团上告诉自己："我在打坐，我在打坐，我放松了，我放松地在打坐。"第一天晚上诸位可能会不习惯，因为现在宿舍还没建好，睡的地方及卫生设备都很简陋，请你们包含。不管是睡在哪里，要告诉自己："我现在是在修行，睡觉也是修行，不去管身体是在哪里，也不要管身体的旁边究竟是什么，睡哪个地方都是一样。"

默照的基础观念与方法

一、观念与方法并行

　　看一看诸位的每一尊脸，是不是都像菩萨？菩萨是有慈悲、有智慧的人。对自己要有智慧，对众生要有慈悲；有智慧，就不会让自己痛苦、烦恼；有慈悲，就不会让众生痛苦和烦恼。如果自己造成自己痛苦、烦恼，那就是没有智慧；如果造成众生痛苦、烦恼，那就没有慈悲。没有慈悲的人是不可能有智慧，有智慧的人也不可能没有慈悲，这是一体的两面。

　　许多人来参加禅修是希望开悟，但是，如果平时常常让自己困扰，不是后悔就是骄傲，不是自卑就是神气、得意；失败了痛苦，成功了骄傲，这样的人根本不可能开悟。在我们所处的环境之中，一定是有事、有人、有众生的，如果轻易受影响而生起烦恼，这是没有慈悲，没有智慧；只要自己起了烦恼，一定也会让他人痛苦。如果能经常让他人生欢喜心，自己的烦恼一定会减少，能够这样，开悟的可能性才比较大。

我们都是凡夫，为什么是凡夫而不是圣人？这是因为愚痴、没有智慧。因为愚痴，所以充满了怨恨、嫉妒、怀疑，对人对己都不信任，所以自害害人。在爱人的时候，往往使他人痛苦；爱自己的时候，则变成自私，使得自己更加痛苦。如何才能减少一些愚痴，多一些慈悲与智慧呢？那就是要修行了。

修行，可以从两方面着手：一方面从观念的理解来纠正，另一方面则是用方法，将心从混乱的状态变成清醒、清楚、安定。只有方法，那是盲修瞎练；仅有观念，那只是知识。禅修必定是方法配合观念，方法和观念同时并行，就如同鸟之两翼，缺一不可。

二、何谓默照？

此次的禅修方法是"默照"。默，是不受自己内心以及环境的影响而动，心保持安定的状态。照，则是清清楚楚知道所有的状况；以外在环境而言，有人在和你说话，或者有人在骂你、赞叹你，但是内心不受影响。骂你的时候，不会觉得委屈、痛苦；赞叹你的时候，也不会觉得很得意、很高兴。你只知道：他骂你、赞叹你，这是他的事，不要受他影响。应该挨骂，不必生气，骂得不对，这是他的事，为什么要生气？对内心状况也是一样，知道有烦恼、妄念，但是不去在乎它；清清楚楚地知道，但是不受影响，这就是默照。

默照就如同六祖惠能所说的"定慧不二"、"定慧同时"，默就是定，照就是慧。有定时，必定有慧；有慧时，必定有定。定是慧的体，体就是基础，从定而产生智慧的功能。定与慧是不可分割的，有定的时候，智慧必定产生，有慧的时候，也一定和定相应。真正有智慧的人是不会浮动的，因为他具备定的功能。因此，刚刚开始用默照，默是默，照是照，定与慧是有前后次第的；一旦方法得力以后，就是默照同时，也就是定慧同时，这是禅宗的特色。

其实，禅宗并不是中国人发明的，在释迦牟尼佛时代就已经在运用。经典里有"如来常在定，无有不定时"两句话，这是描述佛在日常生活中，不论说法、待人接物，无一时不在定中。诸多声闻弟子及凡夫弟子，也看到释迦牟尼佛出定、入定；出定的时候，就行化人间，放光说法度众生，与众生结缘，入定的时候就默然打坐。但是，对佛自己而言，没有所谓的出定或入定，而是任何时间都在定中，这是定慧同时的一个事实。

凡夫所谓修定，指的是四禅八定，也就是世间的定；声闻的定，除了世间四禅八定之外，再加上灭受想定，是为九次第定。在定中，智慧的力量无法表现，出定之后，因为有定的工夫，才能表现出智慧来。

修行通常是讲止观，但先止后观是不容易的。我们都是凡夫，要先修定才产生智慧，而默与照就是练习的方法。刚开始用方法时，有照有默，先默后照，或者先照后默，默和照是无法同时的。照是观，很清楚地在观照；默则是止，不受前念与后念，以及内、外境的影响。一开始就默，是默不起来的，所以一开始要照，必须先从观开始。因此，先要照，照现在用的方法，用现在所用的方法，使得心安定下来，当心安定之后，那就是默了。

三、以五停心、四念住为基础

禅修最基本的方法是"五停心观"——数息观、念佛观、不净观、慈悲观、因缘观，也就是五种方法。停，就是止；五停心的目的是要停止杂念、妄想，如何停？方法要先观，所以称为"五停心观"。

五停心的进一步是"四念住"——观身不净、观受是苦、观心无常、观法无我，其中第一项就是先要观身，观身与观呼吸是同时的，观呼吸实际上已经在观身，所以四念住的方法还是观，而不是止；观的目的是为了使心安定下来，心安定就是止。因此，止的功能，一定是从观而达成的效果。

默照虽然是大乘禅法，但是基础跟五停心与四念住相关，所以默照禅一开始时先用照，也就是观；观照成功，也就是清楚地观到心安定，不受内境与外境的影响而产生波动，那就是默。观照的方法用得好，也是默照同时；天台宗称为"止观同时"，禅宗则称为"默照同时"。所以默照、止观、定慧，在开始时有一前一后次第方法，但结果却是同时的，因为大乘的禅法是定慧同时、止观同时，而不是一前一后。以上所讲的是一个概论，也可说是默照禅的引言。

现在要教诸位如何来用默照禅。尚未用方法之前，先要说明方法的根源、原则以及功能。因为这不是我发明的，而是从佛、祖师，一代一代传承下来，请大家绝对要有信心。昨天已经讲了大概的原则，包括：1.放松身心。2.不管过去，不管未来，不管环境里发生的事，只是用方法。3.不担心妄念，不讨厌妄念，不对坏状况起瞋恨心、后悔心，不对好状况起贪恋心、追求心，你的责任只在于回到现在的方法，继续用方法。

四、体验呼吸，珍惜生命

身体不舒服，如果不是很严重，就不去管它，只是用方法。如果腿痛得没办法坐，可以坐椅子，等腿能够坐时，再回到蒲团上，或者偶尔变换一下姿势，继续坐下去。坐的姿势相当重要，不管怎么坐，第一要件是要舒服，第二要件是要稳定，第三要件是坐得持久。这三项要件的情况不要跟任何人比，而是以自己的判断来做决定。

首先，把腿摆好，将腰挺直，后颈挺直，头顶、下巴应该是呈垂直线，而不是仰着头或低着头。腰挺直时，小腹放松，下巴收紧，然后脸部肌肉放松，牙齿不要咬紧，嘴巴是闭拢的。眼睛可以睁开百分之二十，如果睁开时妄想很多，会受到干扰，可以将眼睛闭起来，但是不要胡思乱想。手的放法是右手掌放在左手掌的下面，双手大姆指相接放在小腿上，不要用力，放好之后就不要再管它了。肩头不要用力，轻松自然的，不向后张，不向前倾，不向上抬，不向下压。身体重量的感觉，不在头部，不在上半身，而是在臀部与蒲团之间，这是重量、重心之所在。

此时，请确认尾椎骨是否碰在蒲团上，这是不正确的，要将身体略为前倾。通常臀部是坐在蒲团正中央的前半部，后半部是空着的；如果尾椎骨靠着蒲团，表示你只坐了蒲团的小部分，或者蒲团前面的一部分，所以会碰到蒲团，这样坐久了，尾椎骨会痛，不健康。

姿势坐得正确、舒服、安定之后，开始时重心是放在臀部与蒲团之间，但是无法持久，杂念、妄想马上就会起来。此时就体验呼吸从鼻孔出和入的感觉，呼吸出时是温暖，呼吸进时是清凉，体验清凉与温暖，但不要注意呼吸的深与浅，不要控制呼吸的快与慢，只晓得呼吸在鼻孔进和出的感觉。不必去想呼吸的量与质，也就是不去在乎空气的质与量，否则就变成在练气，而不是在默照了。

一定要对这个方法培养出兴趣，要体认到你的每一次呼吸都是新鲜的，都是一个新的经验，都是重新开始的一个生命。生命不断地开始，不断地向前迈进，而不是停留在原地踏步，否则会觉得无聊、枯燥。体验自己的生命是非常重要的，不要浪费了生命，如果讨厌、无聊，就是对自己的生命不珍惜；对生命没有想要了解或体验，这是很可惜的。所以，一定要将体验呼吸培养成兴趣，这样妄念就会减少，心就会安定下来。

体验呼吸时，可以想象自己是在生命大海里游泳；虽然每一次伸出手向后划的动作，似乎都是同一个动作，但是，水并不相同的，每一次的距离、位置也不相同；每一次都是一个新的开始，一直一直往前走，走多少是多少。当然，在座的人并不一定都会游泳，但是总看过别人游泳吧？你要对自己说："我虽然不会游泳，但我现在练习着在我的生命大海里游泳，那就是我的呼吸。"

刚才所介绍的，是对于刚开始练习默照方法的基础

及次第。如果诸位已经练习过默照，有很好的程度，能
够用到默照同时，当然可以一开始就使用默照禅法。

〈第二天：晚上〉

超越对立，有无双泯

一、不受影响，随时回到方法

昨天晚上很热，诸位睡得还好吗？任何一个时间，都是在用功地用方法，跟自己的现在在一起，这种热得要命的感觉就不容易发生。去年我曾经到墨西哥市指导禅七，那里比纽约热多了，像火炉似的，我心想："墨西哥人白天一定不会到外边工作。"但就在正午时刻，我看到马路上有修路的工人，他们不断地流汗，不断地喝水，还蛮高兴的样子。最无法想象的是，太阳那么大，有一些墨西哥人，竟然只用一块白布遮着脸就躺在地上睡觉，而且睡得很熟。这些人真了不起，这么热还睡得着，真是佩服他们。记得我在少年时，夏天去做童工，也曾用白布遮着睡在地上，还睡得很高兴。诸位想想，现在你们能在这个地方打坐，实在是最大的享受，正好可以用默照的方法。明明是热，说它不热是错的，但是可以对自己说："我知道热，热是真的，但是我的心不要烦，不要受它影响。"知道热，是照；不受它影响，则是默。

昨天夜里没有睡好的，有可能是被别人吵得睡不着，或者是不习惯睡觉的环境。可能是同房间的人打鼾的声音很大，或者住同一层楼的人进进出出，开门、关门发出声音；也可能是因为太热，觉得空气不好，不习惯，所以没办法睡觉。但是，今天晚上还是要睡觉的，睡的时候可以利用机会练习默照方法。凡是听到的、感觉到的，都很清楚，是照；什么都知道，但是不管它，告诉自己"我要睡觉"，便是默。

我刚才吃过晚饭后去散步，穿着防水鞋，从湖这一头的堤岸走过去，看到一条蛮长的鱼躺在湖堤上。我想救这条鱼，就把鱼抓起来准备放到湖里去，当我抓到鱼时，手就被刺破了。真是奇怪！明明看到的是条鱼，怎么会被刺到呢？原来在鱼的肚子上有两根毛，那两根毛实际上是两个鱼钩。原来，那不是真鱼，而是做成鱼的样子的鱼饵。我第一个念头就是："这是谁做的？这么

可恶！"第二个念头还是："真可恶，用假鱼作饵来诱
钓真鱼。"讲了两个可恶之后，想一想说："阿弥陀
佛，我正在教默照啊！"

其实，"可恶"的反应是没有用的，做鱼饵的人已
经跑了，这个念头根本是多余的。于是我就想："嗯！
这个鱼钩怎么长得这个样子，蛮有趣的，这个人真是聪
明过头，弄个假鱼来钓真鱼，不过以后这里要放个'禁
止钓鱼'的牌子。"所以随时要告诉自己，心完全不受
影响是不可能的，受影响之后马上要调整，因为恨它、
讨厌它，都是没有用的。听到他人打鼾说没有听到是在
欺骗自己，听到打鼾，不舒服是正常的，但是要说：
"谢谢，我正好藉此机会来修默照；我知道他在打鼾，
我不要受他影响，我睡我的觉！"

二、不思善，不思恶

六祖惠能在《六祖坛经》里有个偈子——"不思
善，不思恶"，这并不是说世间没有善，没有恶；而是
虽然有善恶的现象，但是我们的心，不要被善与恶所影
响。善，就是对自己有好处时，不必觉得了不起；恶，

做错了，也不必觉得懊恼。在平常生活之中，只要不是在思想、思考着自己的善与恶，心就会稳定。在打坐时，不要因为今天坐了一炷好香而兴奋，或是因为老是在打瞌睡、打妄想而懊恼、后悔。因此，对自己的善与恶，不必思考它，只是用方法。

对于他人也要"不思善，不思恶"，有人做了好事，有人做了坏事。人是有善有恶的，像我这样的人，你不能说我是坏人，但是像那些专门杀人、有变态心理的恐怖分子，就不能说他是善人了。可是，虽然知道修行救人是好的，杀人是不对的，然而对众生要以平等心来看，不要去想此人是善、是恶；他需要什么帮助，就给予什么帮助，不因为他是善、是恶，就选择一下、挑剔一下。内心不受善与恶的影响，以平等心待人，心就会平静，这就是默照的方法及工夫。

默，是不受影响；他人的好坏善恶，是他本身的事，你自己的心要经常保持着平静，但是事情还是要处理的。例如有人拿刀要杀你或杀他人时，你说反正是没有善、没有恶，他杀我也可以，杀多少人都是没有善、没有恶，这样是没有慈悲。而是处理的时候，不因为此人可恶就要杀掉他，既然是要救众生，杀过人的人也应

当要救。这样的慈悲心，就是照；心不受影响而起瞋恨
心、烦恼心，则是默。

请诸位好好运用"不思善，不思恶"这两句话，不
要计较自己与他人的好与坏，有好、有坏是正常的。如
果打了妄想、打了瞌睡，还说没有打妄想、打瞌睡，这
是自欺欺人。打瞌睡就是打瞌睡，妄想就是妄想，没有
问题。知道刚才打瞌睡、有妄想，但是现在好好用功，
不要对刚才的事产生烦恼心，这是默；知道，则是照。
不可能整天都在打瞌睡、打妄想，总有一些时间，晓得
自己是在打妄想、打瞌睡，这就是默照同时。

三、绝学无为闲道人，不除妄想不求真

六祖大师的弟子永嘉大师，在〈证道歌〉中一开始
就这么说："绝学无为闲道人，不除妄想不求真。"所
谓绝学，就是没有什么好学的；无为，则是没有什么好
做的。没有要学的东西，没有要做的事，这就是闲道
人。闲，是空闲，但并不是懒，闲道人与懒道人是不一
样的。懒道人是住在庙里样样事都不想做，一天到晚就
是在打坐，只想追求开悟，追求自己证个什么果。闲道

人则是心中无事，心中没有要学什么、没有一定要做什么，但是，并不是什么事情都不做。以释迦牟尼佛为例，他从成道之后一直忙到涅槃为止，他是闲道人而不是懒道人。

我自己有个经验，在二十多岁时，修行相当精进，心中有许多的打算及计划，也存着许多的疑问，打算着要怎么修？未来我又会怎么样？头脑里有一箩筐的问题。当遇到我的师父灵源老和尚时，我认为这个机会太难得了，就请教他老人家给我开示，帮助我修行能修得更好。结果他老人家只是听着，一个问题问他的时候，他就问："还有吗？"我就再问第二问题、第三个问题、第四个问题……，我想最后他一定会整体回答这些问题。那时候，头脑里的问题实在太多了，老是在想着"我将来会怎么样？会怎么样？……"，老和尚就是这么听着、听着，我已经忘记问了多少问题，也没有想到他是否还记得这些问题，一个接着一个地问下去，最后老和尚在床铺上拍了一下说："放下着！睡觉吧！"这一拍把我吓了一跳，当我听到"放下"时，很奇怪，所有的杂念、妄想、疑问全都不见了，想要问的问题也不需要问了。这个例子是告诉诸位，"放下着"这三个字对我受用太大了，实在就是"绝学无为闲道人"这句话。要做一个没有什么好学的，没有什么要做的修行闲道人；心中不要存有那么多的东西，只要好好修行，这才是真正的修行人。

有人认为打坐、听经、看经、念经、拜佛，这就是修行；而工作、开车、煮饭、买菜，都是在干扰修行，甚至有人会说："宁动千江水，勿扰道人心，我正在修行，请不要干扰我，你一干扰我，让我的心也动了。"这种人是修不成的，到最后一定修成了外道。没有办法将自我放下，是不可能见性、不可能开悟，因为太自私了。

六祖惠能在黄梅五祖弘忍座下时，他的修行就是砍柴、舂米。象冈道场最近有几位菩萨，打了上一次的话头禅十之后，就留下参加这一次的默照禅十，在此期间，就在这里当义工。我问其中一位菩萨："你在这里参加二十天的禅修，其他时间都在工作，你合算吗？"他回答说："我非常地意外，虽然整天都在工作，但是并不觉得我是在工作。这个心，好像跟环境里所有的工作打成一片了。"他整天都在为我们做各种各样的杂工，心中却无事，工作就是工作，而且住得很快乐，这是不是等于"绝学无为闲道人"？诸位要是愿意住下来，也会这个样子的。

接下来第二句是"不除妄想不求真"，这是非常重要的。因为妄想这样东西本来是没有的，只有在心中产生烦恼时，才叫作妄想。所谓烦恼，是心念跟自我的贪、瞋、痴、慢、疑相应，如果只有心念，而没有自我在其中，这个念头不会有问题；因为自私，老是在乎着自己的得与失、好与坏，结果变成了妄念，这就是烦恼。

什么是"真"？许多人希望在打坐时开悟见性，见到自己的本来面目，也就是见到佛性。而现在，因为有烦恼，所以这个"我"是假的，开悟之后，似乎就可以见到真的"我"了，有这样的想法是外道。

事实上，没有佛性、开悟，以及本来面目这些东西，请诸位不要去追求，否则就被自我的追求心困住、绑住，被烦恼所困扰。追求心就是自我的自私心，如果无法放下，是不可能开悟的。其实，不追求开悟，它反而就在你的面前，一追求它就不见了。不追求，不拒绝，没有要追求什么或拒绝什么，在这种状况下，就是"不思善，不思恶"，也就是在默照——很清楚，但是不受影响。

释迦牟尼佛的弟子阿难，当佛住世时，他经常会有依赖心，认为佛很喜欢他，总有一天佛会帮助他开悟、得解脱。但是直到佛涅槃为止，他还没有开悟解脱，于是他想："佛法已经传给了大师兄摩诃迦叶，大师兄应该可以助我开悟。"但是摩诃迦叶也不睬他，不但不帮忙，还将他赶了出去。此时阿难就想："佛已经不在世，大师兄也不管我，算了，我什么也不求了，自己修行吧！"于是找了一个地方准备坐下去好好修行。由于期待心、依赖心都没有了，正要坐下去还没坐好的当下，便证得阿罗汉果。这就是"不除妄想不求真"，没有准备要做什么时，它反而就在你的面前。因此，随时随地不管妄想是什么，回到方法才是最要紧的。

四、念念系在方法上

虽然讲"不除妄想不求真"、"不思善，不思恶"，可是默照的方法还是要用。打坐时，体验呼吸在鼻孔出入的感觉；经行时，体验自己脚步在走的感觉；吃饭时，体验每一口饭咀嚼的感觉；出坡时，体验你的手、身体，以及工作的状况。甚至洗澡、喝水、上厕所，都很清楚自己是在做什么，这就是照；有杂念不管它，则是默；很清楚现在用的方法，有杂念起，不管它，这是默照同时。

睡觉，也是可以用默照，你要说："我要睡觉，我正要睡觉，我已经睡着了，现在听到的，都是在做梦，不管它；身体以及环境里的状况，也不管它，我现在是在睡觉。""我正在睡觉"是默，"我晓得我在睡觉"是照。照的时候，不是眼睛睁着说："我怎么睡不着啊！怎么还没有睡着啊！"这不是照，也不是默；不是在用方法，而是在打妄想。但是，请诸位不要就寝时故意弄出噪音，还不知惭愧地说是帮助其他人好好修行默照，你还是要尽量悄悄地、轻轻地，不要制造噪音。

默照是最好用的，在任何时间，任何一个念头都可以用。每一口呼吸就像是游泳的每一个动作，在你生命的大海里前进、前进，一手一手地往前划。无论是动或静，在任何一个状况下，都可以用这种态度，能够这样，心就很容易安定，容易统一，容易得力。

〈第三天：早上〉

随息法与只管打坐

一、改变偏差即是修行

修行，在中文的意思，修是修正、修理。当身、口、意三种行为有偏差时，需要修正、纠正，而烦恼心破坏了智慧心时，就要修理，修好之后，再继续使用。

一般人乃至普通的佛教徒们，都认为敲木鱼、诵经、打坐、吃素、在佛菩萨像前礼拜，就是修行。没有错，这些是修行，是辅助我们调整观念及行为的种种方法。但是如果习惯不改、观念不变、行为不纠正，那些修行是没有用的，是在浪费时间，装模作样。

诸位在这十天之中，任何时间、任何场合、任何空间，都是在修行，否则洗澡时，不是修行反而是放逸；吃饭时，不是修行反而是享受；出坡时，不是修行反而是受苦。我们的心随时要安住在现在，很清楚地把现在做好，这就是修行了。譬如说，当你用卫生设备时，看到其他人用过之后弄得很脏，让你不方便，而你用完之后心想："刚才的人没弄干净，我也不必收拾，反正已经脏了。"结果第二、第三人都是如此，这个地方就愈弄愈脏。本来是人用的卫生设备，几个人一用之后，变成了猪的生活环境，这不是修行的态度。应该在用完之后，不论刚才的人是否清洁了，我尽我的责任把它弄干净，让下一个使用的人觉得方便，这就是修行。

禅修期间，要练习着身清净、口清净、心清净，然后保持着环境清净，这也是修行。我听说诸位菩萨在用餐之后，不会将碗盘清理干净，甚至还要留下一点饭菜表示已经吃饱了，这是一般人的一种坏习惯。特别是有些人认为，将碗盘内的东西全部吃光是不礼貌的，必须剩下一些。这种观念是非常地糟糕，不仅浪费食物，也污染了环境。

修行是让我们在日常的生活中，改变、修正坏习气、坏观念、坏行为。如果能因此让家人发现你跟过去不一样了，知道修行是有用的；渐渐地，家人也跟着你来修行，这就是度众生。否则，来修行之前与来之后，完全一样，那就是白来了。

二、只管打坐

现在继续讲方法。既然生活就是修行，为什么多半的时间还要在禅堂里打坐？这是因为我们想要修行，但是不知道自己心念以及行为的哪些地方需要修正。专注用方法的时候，就会发现心里出现许多许多的杂念、妄想，这些杂念、妄想，都与平常生活之中所发生的行为和习惯有关。发现行为和想法有偏差时，就需要改进，所以在禅堂是在炼心，学着认知自己的杂念、妄想是什么，并练习着让它们愈来愈少。

到现在为止，只介绍了一种体验呼吸的方法，诸位在体验时，是否真的觉得是在生命的大海里游泳，好舒畅、好平稳、好安静、好快乐？有了这种感受体验，就可以再进一步。如果体验呼吸在鼻孔出入的感觉，愈体验愈觉得无聊，或者想要体验，但是头脑出现的杂念、妄想，使得心无法体会到鼻孔呼吸的感觉，有这种情况，同样也可再进一步。

默照，这个名词是中国曹洞宗所提出的，日本曹洞宗不叫默照，而称它为"只管打坐"，这是最容易的一种方法。体验呼吸时，还要晓得呼吸从鼻孔出入之感觉，而"只管打坐"太简单了，往蒲团上一坐："我在打坐，我晓得我在打坐！"然后将身体姿势坐正确、舒服、安定，其他什么事都不管；但是，一定要晓得是在打坐，否则就会睡着了。

"只管打坐"可分成三个层次：1.我在打坐，2.我的身体在打坐，3.我的身心全部都在打坐。"我在打坐"只是个观念；身体在打坐，是照；身心都在打坐的时候，没有杂念，只有身心统一，这便是"只管打坐"的根本方法。

身心统一，身心一致，没有杂念。晓得自己是在打坐，杂念来了不管它；环境里有任何动静，不管它，这就是默照。只管自己的身体在打坐，知道身体上某些局部的反应，不需要管它；不管它，是默；我知道我在打坐，是照。体验呼吸的感觉，只是身体的一部分，要把心扩大、放大，安心地体验身体全部的感觉。但是，不可能对身体每个地方全部都有感觉，通常只对痛、麻、痒，或者不舒服的地方有感觉，特别是在动的部分；知道，但不要管它，不要特别留意任何一个局部，而是知道全体。知道全部的身体，甚至知道你的心都在打坐，将体验呼吸这一点扩大到你的身体，甚至全部的身心，那就是你的生命都在打坐。

三、随息观

体验鼻孔呼吸的感觉，叫作"随息观"。随息，其实就是四念住的观身和观受的方法。如果能够从体验呼吸而将方法扩大到体验全身在打坐，就更好一些；如果不能转变也没有关系，只要心安定就好。

体验呼吸是很单纯的，只要知道空气从鼻孔呼出时是温暖的，从鼻孔吸入时是清凉的。绝对不能去控制呼吸，使它快或慢，多或少；也就是说，你的责任是在于体验的感觉，而非去计较、考虑呼吸的量多量少，以及呼吸的品质。不要像狗的嗅觉似地去研究空气的品质，一研究，会觉得空气很坏，一计较呼吸的量，就会很贪心地希望多吸一点，这是不必要的。只要把身体姿势坐直，颈部不要弯，下巴收拢，呼吸量及氧气量是绝对够的。

根本原则是在身体要放松，坐的姿势要平稳，身体上的痛、痒，知道而不管它。如果痛得很厉害，腿痛就放腿，背痛就弯腰，头痛就将注意力放在臀部与蒲团之间。如果头部发热、发烫，也许是有病或感冒，这就需要吃药休息了；除此之外，身体上任何状况都不管它。有些人会连续地抖动，那是因为特别注意身体某处的关系。

〈第三天：晚上〉
真正的修行是心中无事

一、选佛场

现在我所说的方法，就像是开药方，都是经过实验，如果相信它，使用时就会有用。有几个要领请诸位要记得："不思善，不思恶"，以及"绝学无为闲道人，不除妄想不求真"。这些要领就是方法，随时用它放松你的身心，不要担心有妄想，有妄想产生，就随时回到方法上。

在我们禅堂的正门口，挂了"选佛场"三个字。大家一定很好奇，尤其是西方人，会认为禅堂挂个装饰品，是什么意思啊？

"选佛场"其中的一种意思是说，这个地方是提供人们，从烦恼心之中将佛心选出来。关于这三个字的来历，有种种的说法以及不同的故事，有些故事是制造出来的，根本没有发生过，不过我现在要讲的是一个真实的故事：

有一位年轻的读书人，他很用功地读了十年书，准备赴考做官。赴考场途中，有一天借住到一间庙里，庙里的和尚问他："年轻人，你经过这儿要到哪里去啊？"读书人说："我要去赶考，准备考官、选官去。"和尚问："你要考官，准备了多久啊？当了官以后要做什么呢？"年轻人回答："哦！很辛苦，我已经拼命读了十年书，当官之后就要管事，那就很忙了。"和尚又问："这不是太累、太辛苦了？你要选官，为什么不选佛呢？选佛最简单、最容易的。"年轻人一听："选官我知道，选佛要怎么选呢？选上了又怎么样呢？"和尚答说："很简单！什么都不要准备，什么也不必期望，佛就在你的面前，你已经选上了。选佛选上之后，你自己根本没事，但是，你可以为一切众生做老师，为一切众生奉献。"年轻人说："这真是太好了，又可以做老师，又可以奉献，自己又没事，也不需要准备，这太好了！"

结果这位年轻人不去选官，就在这间庙出家，出家之后就写了"选佛场"三个字；他没有事情做，就在那边选佛了。这个故事就是永嘉大师〈证道歌〉所讲的"绝学无为闲道人，不除妄想不求真"。如果能把这两句话做到，你的佛已经选成功了。象冈道场的禅堂既然是"选佛场"，诸位来到这里，应该没有事才对。

宋朝有位用话头的禅师——大慧宗杲曾说过：真正会修行的人，是最省力的。如果觉得很累、很忙，表示不知道什么叫作修行。修行，是心中无事；用默照，主要也是让我们心中无事，没有牵挂，不牵挂自己状况的好与不好，不牵挂过去的好与不好，不担忧未来的好与不好，这就是"不思善，不思恶"。这个时候，就是在选佛，因为心是安静的、平安的，跟智慧是相应的。

二、不触事而知，不对缘而照

"不触事而知，不对缘而照"这两句话，是默照禅的开创者——宏智正觉禅师所说，指的就是默照。"不触事而知"，是对一切状况都很清楚，但是不要将它当成一回事，这些状况跟你没有关系。事，就是状况，环境里的人与事的状况，自己内心和身体产生的状况，很

清楚的知道是有的，但是跟你没有关系。这似乎是很奇
怪，自己的想法跟身体上的感觉，怎么会跟自己没有关
系？没有错，是有关系，但是不要在乎它，这就是默；
很清楚知道有这个状况，是照。状况发生还是要处理，
但是不必说"我"在处理，处理事就只是在处理事，那
就不会生气烦恼了。

　　有一位已经往生的老教授，过去常常在我们纽约禅
中心演讲，当他得了癌症有人去探望时，他就侃侃而谈
地告诉访客说，这个病是什么时候开始的，现在是什么
状况，将来会变成什么状况，害了这个病要如何去治
疗。去探病的人跟我说："师父！这位教授蛮奇怪的，
他介绍他的病情时，好像是在讲别人，没有感觉到是他
自己得了病。"这就是"不触事而知"的例子，事情他
是清楚地知道，然而并没有将这桩事看成与自己有那么
严重的关系。

　　诸位现在用默照的方法，多半能够做到这一步：对
自己的身心状况以及现在生活的环境，都很清楚、明
白；知道环境内有噪音，或者气温很凉、很热；自己
很快乐、很不快乐，很舒服、很不舒服等状况，你都
知道，但是不要再起第二念："这是'我'。"要将情

况客观化；有这桩事，但不是"我怎么得了，我怎么得了……"，这样想就会很痛苦，照也照不清楚，默也没有默。如果能够照、能够默，这桩事我晓得，但跟我没有什么关系。能对自己的妄念、身心状况、自己的个性以及种种问题，知道得很清楚，随时修正它，这就是修行。否则知道自己有那么多的缺点，于是自怨自艾、自悲自责，这就不是在修行了。

"不对缘而照"，"对"的意思是攀缘，"缘"的意思是对象；自我和对象产生纠缠不清的状况就是"对缘"。"不对缘"是指不将任何对象当成是"我的"对象，既然没有对象，"我"就不存在，"我"不存在，烦恼也就不存在。

最近遇到一位菩萨告诉我，有个男孩子见到另一个女孩子时，一见面就对她说："我跟你有缘。"女孩子被他吓了一跳，他要缘人，人家却不缘他。从此以后，这个男孩子就神魂颠倒，日思夜想，老是想着这个女孩子跟他有缘，后来女孩子一害怕就去报警，要求警方保护，最后这个男孩就被带到警察局去了。这个男孩子就是在"对缘而照"，晓得有这个对象，不断地追，那是烦恼；如果"不对缘而照"，知道有这么一个女孩，可是不一定跟自己有什么关系，那就不会惹出这么多问题了。

当我们打坐的时候，一定会有一些状况出现，没有状况反而是很奇怪的。坐着的时候，眼睛会看到地板上的图案，耳朵会听到飞机的声音，身体会流汗，也会有一些痛和痒，或者心中想着隔壁的人坐下去、站起来的样子有点怪怪的……，凡此种种都是缘，在环境里一定有缘的存在。除此之外，自己内心的念头也是一种缘，譬如："刚才想到一件想了很久都想不到的事，真可惜，没有用笔将它记下来，再想想看那究竟是什么？"这一下子，就变成老是在妄想里，刚才就是在妄想，现在又再追踪那个妄想，妄想加妄想，在妄想中打滚，这就是"对缘"。不对缘，就是不论是心里想的、身体上感觉到的、环境里面所有的一切，跟我没有关系，不把它当成是我的对象，不去注意它，我只晓得我用我的方法，这就是"不对缘而照"。

曾经有位菩萨在打坐时，不断注意着前面女孩子的背，坐了一天之后这位菩萨要求换位子。我问她这个位子有什么不好？她说："前面那个女孩子的背歪歪的，我老是想去纠正她。师父说过打坐的姿势要正确，这个女孩子坐得歪歪的，但是我又不能讲话，我坐在她背后，看到她那个样子，我很难过，好像我的样子就和她一样。"这就是"对缘而照"了。禅修期间，不仅其他人跟自己没有关系，连自己的前念与后念、自己的身体状况，都跟自己没有关系，这样子才会坐得安定，这叫作"不对缘而照"。否则缘太多了，老是在攀缘，攀过去缘，攀未来缘，攀当前的缘，这叫作多管闲事，这不是闲道人而是忙道人。

〈第四天：早上〉

心无所求，安住在当下

一、无所求的态度

默照本来是非常单纯而简单的，可是在运用的时候，还是因人而异，要靠个人的揣摩，如何让自己的心安定下来，牢牢地将自己的心贴在方法上，不离开方法。

有人觉得自己已经非常用心、非常努力了，但是用方法时很累、很吃力，而且心还是浮动的，无法用上方法。这就像骑马一样，一骑上马，马就将你甩下来，甚至还踢你两脚，因此希望找一匹训练得非常熟练的马来骑。其实，那匹马就是你自己，要如何顺利、轻松、不吃力？很简单，不要期望太高、要求太多，也就是"不除妄想不求真"，那是很省力的；没有企求，错了就重新再来，有杂念是正常的；不论是只有一念或者两念在用方法，都很欢喜，只要现在知道用方法。

能够以无所求心来用方法，方法是很省力的，很容易将心安定下来。既然是无所求，诸位一定会觉得为什么还要到禅堂来禅修？我们求的是能够开智慧，使烦恼减少；但是，就因为希望烦恼少，希望求智慧，所以必须以无所求的态度来用方法，否则会适得其反，企求心愈高，烦恼心愈重。因此，在打坐之前要发心，所求的只是方法，不求其他，不求没有妄想，不求有好成果，这就是修行的基本态度。

禅的修行，为什么称为顿悟？因为所使用的方法就是"顿"，不是要人从观念上来分析、辩论、思考。一般人对于许多问题，可能会问理由、原因，进行分析，然后做结论，是合理或者不合理，能解决或不能解决；一般的知识系统，都是用这种方法。而禅修是当下就在用方法，其他的不管它；这样好像没有解决问题，但是如果随时随地能够用方法，这些问题就会彻底解决，不论是否有理，至少烦恼没有了。

二、放下执着，放下烦恼

禅修的目的及功能，不在于公平合理，不在于客观的事实变或不变，而是在于自己能够过得平安、快乐，不受外在状况的影响。禅宗祖师们对弟子的教育，不论有理没理，都给三十棒；有理的一开口，就给三十棒；没有理的一开口，也给三十棒。表面上看起来这个禅师似乎非常粗暴，不讲道理，其实，这是要打破一般人过于使用逻辑、思考的习惯；如果直接放下执着心，就能得解脱。虽然外在客观的事实是有理由的，不过光是讲理，是不能解决自己内心烦恼的问题。

在二十多年前，台湾曾经发生一桩很大的风波。我的老师白圣长老，也是当时中国佛教会的理事长，有一天他演讲时说到："台湾现在男众的出家人愈来愈少，那是个危机，像日本就不会有这种危机，因为他们的出家人都结了婚，儿子可以接下寺庙继续维持下去，而台湾的男孩子都不愿意出家，将来寺庙不知道要由谁来经营！"结果第二天报纸、杂志都在报导说："白圣长老主张台湾和尚要结婚。"接连几天的早、晚报都在谈论着这个问题。白圣长老很烦恼地问我说："圣严啊！你来替我想想办法，怎么办呢？"我回答说："无言胜有言，您已经讲了这些话，再解释，人家又会重复地说您演讲时讲了些什么。现在要再否认您的演讲，这是不可能的。舆论说您是赞成结婚，可是您现在并没有结婚啊，所以就不管它吧！佛学院照办，传戒照传，多成就一些出家人，将出家人的身分提高、素质提升，自然会有人来出家的。现在再讲也没有用，不必辩论也不必回答！"这个方法很有用，跟他谈过之后，当人们再问他时，他就回答说："我要讲的已经讲过了，你看我还俗了没有？"这场风波就因为不再辩论而停止了。

　　几年前，写《弘一大师传》的陈慧剑居士，有一天拿了几本书来见我。这些书都是在讲禅，而且把台湾以及大陆，凡是华人佛教界的法师全部都批评了，这其中还包括了印顺长老，我当然也被批评了。书里说我们这些法师全部都是外道，只有作者本人讲的才是真正的佛法。陈慧剑居士问我说："这还得了，这些大德法师都是外道，那他是什么呢？"我说："他的书里，不是讲他自己就是佛吗？"陈居士说："我们必须予以反驳！"我回答说："从释迦牟尼佛时代就有外道，外道毁谤佛法是正常的，否则就不能称他为外道了。说我们是外道，实际上他才是外道，何必跟他去啰嗦！危机，不在于外道毁谤佛法，破坏大善知识，而在于佛教没有人才。如果多一些有智慧、有慈悲，真正懂佛法的修行人，外道算什么呢？佛教自己没有人才，专门去跟外道辩论，实在是得不偿失，浪费时间。"老居士听了之后反问我说："法师，您在二十多岁时，不是也出了一本书跟外道辩论吗？"我说："阿弥陀佛！那个时候我是无知，所以跟他们辩论，现在懂得一些佛法，就知道根本不需要再去辩论了。"

大概是在七年前，天主教教宗若望保禄二世，出了一本书《跨越希望的门槛》（*Crossing the Threshold of Hope*）。这本书翻译成几百种语文，其中有一篇专门在讲佛教。有人就拿了这本书给我看说："师父，您见过教宗，他是您的朋友，您应该教训教训他，不懂佛教还在乱批评佛教。"其实，我和教宗只见过一次面，我也不知道他是否认识我。于是我跟他说："站在天主教教宗的立场，要是说佛教好，那才奇怪呢！说佛教不好是正常的，这本书不是给佛教徒看，而是给天主教徒看的。其实，这样写也很好，佛教徒看了之后，会觉得天主教竟然如此误解佛教，就不会去信天主教了；对天主教徒来讲，本来就是天主教徒，根本不受其影响，所以我不需要讲些什么话。"

三、好好把握现在

讲了这么多的譬喻故事，目的是要告诉大家，要守着自己现在的方法，不要瞻前顾后，顾此失彼，这是非常现实的现实主义。中国有句谚语说："百鸟在树，不如一鸟在手。"其他的东西再多，就好像一百只鸟都在树上，你看看这只鸟、那只鸟，那都不是你的。如果有一只鸟已经在手上，那才是真正属于你的，你只要照顾这只鸟就好了。方法也是一样，只有现在这个念头在方法上是重要的，其他的都不重要。过去的问题及状况，也许对过去有用、对未来有用，可是现在这一刻如果不好好把握，连现在都会没有了；现在这一个阶段如果能够踏踏实实，真正得力，过去及未来的问题也能解决。不要浪费现在，现在是最重要的，也是非常现实的。

最近看到一篇在《人生》杂志发表的文章，内容是说，动物是最好的禅修者，因为动物没有什么记忆及思想，它只知道现在、现在，经常就是处在现在，完全是直接的反应。所以任何动物，当遇到对其生命有危害的状况时，都会非常地敏锐，这包括气候、环境、敌人。譬如要下大雨，或者房子失火前，蚂蚁、老鼠会搬家，这都是因为它们只有现在，以致于感觉非常敏锐，所以禅修者最好学学动物。假如禅修者，能够将心练习着随时放在现在，也会具备这种敏锐的能力。

为何有些人会有神通、第六感，以及第三只眼？是因为禅修的力量。但是禅修的目的不是修神通，而是要修智慧、除烦恼，所以更需要将心放在现在。请诸位不要认为练习把心放在现在，从此，过去的就忘掉，未来的就不管了，没有这回事！人还是人，把现在照顾好，心能够随时随地练习着放在现在，如此一来，对过去、对未来的处理和预测，将会更正确。

四、身心都在打坐

现在再来复习一下，方法已经讲过两种：1.体验呼吸从鼻孔出入的感觉，只管呼吸出入的感觉，不管呼吸的多或少、深或浅，或者空气品质的好与坏。2.体验自己的身体在打坐，要体验、知道身体的全部都在打坐，

不要特别注意有知觉、感觉的部分，没有知觉的部分也
知道是存在着；知道"我在打坐"，但是请不要在脑海
中想象着自己在打坐的形相，这是想象着打坐，而不是
体验自己的身体在打坐，这两者是不一样的。用头脑想
象，可能会出现两种状况：1. 身心分离，渐渐会看到一
个自己的形相在打坐，造成幻觉出现。2. 用头脑想象
身体在打坐，于是头脑会冲气、会痛。所以，请诸位不
要想象着一个形相在打坐，知道这个身体在打坐就好，
身心全部的我都在打坐，这是非常实在的；仅仅是"我
在打坐"，这是个观念；如果只停留在"我的身体在打
坐"，很可能会产生幻境而变成一个图像；如果身体与
心结合在一起，我的心知道我在打坐，身心都在打坐，
那就是一体了。

〈第四天：晚上〉
法住法位，世间相常住

一、天地万物皆在说法

　　刚才我去湖边，看到一只颜色灰白相间的鸟，停留在湖面的一根木头上。最初我以为木头上长出东西，因为我观察了十五分钟之久，这只鸟毫无动静，我心想：这究竟是什么呢？一开始，我不确定那是只鸟，我对它叫了两声，它没有动静；当我正想离开时，突然看见水面上有个水花，原来这只鸟很快地啄了一下，就猎捕了一条鱼，马上把鱼吃掉，然后这只鸟又不动了。

　　我真佩服这只参禅的鸟，它一定是学默照的。它安静地停留在木头上，什么状况都不管，但是它很清楚情况。当鱼在水里游来游去时，根本不知道有只鸟，等到游近时，鸟不动声色，一点也不累地跳出来把鱼吃掉。

这还真需要一些工夫。早上我提到一篇文章，说动物是活在当下而不管过去及未来，所以对当下特别敏锐。而一般人活在过去，活在未来，忘掉现在，因此要用方法来帮助自己活在现在，使自己更灵敏、更敏锐，那就是智慧的出现。

修行，是可以向任何人或动植物学习佛法。佛经里说："大地所有一切的万事、万物，都在放光说法。"这是指地球上所有事物，无不是在放光说法。相反地，鸟吃鱼如果以另外一个角度来看，一定会认为这只鸟很阴险、很可恶；鱼是那么地天真，悠闲自在，结果被鸟所骗。如果鸟动一下，鱼就会避开，可是它却像木头似地动也不动，这条鱼真是可怜！如果有人因此恨那只可恶的鸟，也为那条鱼叹息，好像很有正义感的样子，但这样却不是佛法，而是一种烦恼法。

有很多人，每天一睁开眼就在自找烦恼。不论是看见人、看见动物、看见东西，本来是他人的麻烦、困扰，因为打抱不平，结果被卷入其中而变成了自己的麻烦、困扰，这是很可怜的，这不是佛法。

二、以智慧处理事，以慈悲对待人

有位菩萨问我："修默照，是什么事情都不管它，如果觉得自己的配偶做错了事，像这种情况，要不要管呢？"我回答说："这要看状况。如果对方愿意接受，为什么不管？如果知道去管它，会变成家庭战争，造成两人都烦恼，还要管吗？不管它！虽然会有问题，至少并不严重。"许多人爱管闲事，好打抱不平；不管时，问题还不严重，一插手，问题反而更严重了。所以，修行人要用智慧来处理事，要以慈悲心来关怀人。

有智慧、有慈悲的人，称为修行人、菩萨。在修行菩萨道，处理人际关系的问题时，应该以三种方式来处理：第一种方式是对很有修行，也很有信心的弟子而言；如果两人在争执，彼此都认为对方是错的，这位有智慧的老师，一定是有理的打三十棒，没有理的也给三十棒。既然是修行人，还计较什么？计较就产生烦恼了。诸位有没有听过，古代的中国禅师及祖师们，动不动就是棒、喝；打人是棒，骂人是喝。这是因为有智慧的老师，很清楚知道弟子是很有修行、很有信心，才会用这种方便法。你们诸位，如果问一句，我就打一棒，可能你们很快就要打电话报警，说这里是个疯人院了。

第二种处理方式是见到想要修行，但是没有信心，也没有什么修行的弟子发生争执时，他们都在数落对方的错误，老师的处理方式是："你们都是对的，都没有错，错的是老师没有把你们教好，所以你们会吵架！"因为老师承认错误，两个徒弟觉得对不起老师，就不再吵，也就没事了。

第三种处理方式是对有一点修行，但是信心不坚强的弟子，那就要对他们说道理了。要用佛法来疏导、安定他们："他的错误是有道理的，这是因为他站在他的立场；站在你的立场是对的，你是菩萨，你就吃亏一点。我知道，佛也知道，让他占一些便宜，是你的慈悲。"

度众生就是这样度的，这样他们才会留下来，才会继续修行，要不然岂不是断了他们的善根吗？如此一来，两个人都留了下来，也不会再吵架了。

默照，在默的时候，是没有是非、对错的。我们已经介绍过"不思善，不思恶"、"绝学无为闲道人，不除妄想不求真"、"不触事而知，不对缘而照"。默照不是不知道、不处理，而是不要有烦恼心，否则就跟默照的方法背道而驰。一有烦恼心，就失去了智慧与慈悲。所以，要以慈悲心来对待人，以智慧心来处理事。否则，不以智慧来处理，本来自己是没有烦恼的，他人的烦恼就变成了自己的烦恼。

三、法住法位，世间相常住

"法住法位，世间相常住"这是《法华经》里的两句话，法，就是一切的现象。每一种现象，都有它自己的位置、状况、立场。世间任何事件，彼此之间虽有关系，看起来好像有点类似，然而没有真正相同的东西，这就是"法住法位"。对任何缘，以自己的立场及想法取它的相，那就是"对缘"。不以自我的观点来接受它，但是很清楚它发生了什么状况，这就是"法住法位，世间相常住"。

"法住法位，世间相常住"就是说世间所有的一切，每一法、每一种现象各有其共同性，一定也有差别性。同一个妈妈生的孩子，生十个，十个孩子都不一样，即使是双胞胎，看起来虽然长得很像，性格也差不多，其他人认不出来这两个孩子的差异之处，他们的母亲却一眼就能分辨出来，这是因为即使相似，仍会有不同之处。我曾遇到两位先生是双胞胎，他们都结了婚，在我看来他们是一样的，可是他们的太太，就清楚地知道谁是哥哥，谁是弟弟。我问她们是否会弄错呢？她们说："刚结婚时是有点迷糊，不知道谁是谁？可是，他们是不一样的。现在不要说是眼睛看，用耳朵听就可以知道了。"

"法住法位"是每一种现象都有它的位置和状况。有了这种认知，就是"不触事而知"。不要去否定他人的立场，应该体认各人有各人的立场，这样就不会有这么多的烦恼。否则，太太想征服先生，先生想征服太太；师兄要征服师弟，师弟要同化师兄，就产生痛苦了。

今天有位菩萨告诉我，他在没有听到"不除妄想不求真"之前，很烦恼，方法用不上力，听了之后，一下子就变得很轻松。诸位是不是也是这样呢？问题在于要相信我的开示，并且揣摩着运用；这些方法不是我所发明，而是祖师们所说的，这些就是佛法。如果在依教奉行的同时，却存有怀疑的态度，那么，这些话对你而言就毫无用处，都成了一堆废话。

　　不要觉得妄念、昏沉，是很麻烦、很倒霉的事，有了昏沉，要提起信心，打起精神用方法；打妄想时，赶快回到方法。此外，睡觉、杂念也不是罪恶，知道有妄想、有昏沉，表示有警觉心。因为还是凡夫身，才开始修行，有这些状况是正常的，这也是"法住法位"。

　　"法住法位"是面对任何状况发生时，不需要后悔，也不必期待有好状况会发生。不担心，不期待；一害怕、一期待，也许好的状况就消失，而本来不会发生的坏状况，也可能会发生。有什么因就得什么果，但是，请大家不要转变成懒人的想法："反正就是这样啰！打瞌睡，就打瞌睡，打妄想，谁没有妄想啊！这就叫作'法住法位'。"错的！这又是另一层妄想了。事实上，修行是非常简单的，只知道用方法，其他的事不管它。

〈第五天：早上〉
开悟与默照禅法

一、何谓开悟？

佛法的修行，如果没有观念、方法来指导，修行虽然有用，但不能真正开悟。

开悟是个很模糊的名词，在东方、西方都有不同的解释。在中国，开悟是说以往不知道的、想不通的，突然间茅塞顿开，知道了、想通了。有人是从书本上发现一些从来没有听过、见过的道理，自己的见解忽然间宽大了许多；有人是遇到一些特殊经验，从病中或梦中以及平常生活里，所得的一种神秘力量；有的是拜佛、打坐、诵经而得到的神秘经验；有的是偶尔得到灵感、感应，更深一点的则是神通。遇到这些经验之后，很多人会认为这是开悟，其实，这些经验都是似是而非。

真正佛法所说的开悟，不是神秘经验，不是神通，也不是从书本上看到一、两句话，就解决了问题，更不是听到上帝、神、鬼对你说了一些话，因此得到些灵感、感应；这些都不是真正的开悟。但是，开悟的人是有可能得到一些神秘经验，因此，就很容易使人混淆、模糊了。

我在儿童时代是笨笨的，少年出家之后还是很笨，因为出家做和尚，早晚诵经是不准带着课诵本的，所以一当小沙弥，开始就要学着背课诵。师父要我背早晚课诵，我是怎么背也背不出来，特别是那些咒语，我的师父就跟我说："小和尚，你真笨啊！你要每天多拜佛，求观世音菩萨给你智慧！"我听他的话拜了三个多月之后，突然间变得聪明，课诵都能记得了。诸位认为这算不算开悟呢？这不是开悟，是感应，是观世音菩萨慈悲，给我的加持。在释迦牟尼佛的时代，有一些阿罗汉不会说法，连个偈子也说不上来，于是他就显神通，表演给大众看，主要显的是神足通，例如：人突然间不见了，一下子又从地上或空中出现，或者身上出火、出水等。凡夫看到了神通，磕头如捣蒜，相较于宣说佛法，更容易让人崇拜。

开悟的"悟"，佛经里称它为无漏的智慧现前，在梵文称为般若，无漏智慧和有漏智慧是相对的。世间所有的知识、学问、技巧、聪明，都是有漏的智慧；而无漏的智慧，不是经验，不是知识，而是无我的态度，也就是没有自我中心和自我执着的态度，这就是开悟，就是般若。

开悟，是智慧现前、悟境现前。用方法时，将自己一层层地脱落，渐渐淡化自我中心的执着，这是渐悟。如果一下子就能放下，使自我的执着完全消失，对人、对世间以及自己的人生观的看法完全改变，这是顿悟。

但是，要分辨清楚的是，有些人突然灵感一来，对世间、对环境、对自己的价值观也会有所改变，然而价值观的改变并不等于开悟，因为"我"还在。如果一切都有，只有自我中心没有了，这才是真正的开悟，才是无漏的智慧。

有些人很天真地认为开悟之后，就是要什么有什么，过去得不到的现在可以得到，过去不知道的现在完全知道。如果开悟之后，希望得到更多，自我中心愈来愈大，负担也愈来愈重，这是愚痴，不是真的开悟。追求这种开悟，实际上是在追求自我中心的膨胀。

　　开悟是从烦恼形成的痛苦、负担之中得到解脱，所以必须釜底抽薪，不让自我有更多的贪求与执着。佛法告诉我们要用戒、定、慧来息灭贪、瞋、痴；贪、瞋、痴就是自我，自我所制造的烦恼、痛苦，都是围绕着贪、瞋、痴而形成。因此，要持戒、修定来开发智慧，才能够开悟。

　　开悟，并不等于聪明，也不等于学问、知识，而是从烦恼得解脱。烦恼是自我中心的执着心，解脱之后仍然是有自我，但这个自我，是慈悲与智慧的功能。能够以慈悲心对待众生，处理一切事，都是智慧的反应。知识、技巧、学问，还是可以继续学习、运用，因为这些是用来助人的一种方便工具。

　　有些人很愚痴，想开悟又害怕开悟，认为开悟之后什么问题都能迎刃而解。但是又害怕开悟之后，什么东西又都失去了，像这样的人是根本开不了悟的。以为开悟之后就会失去所有，这是错误的想法；开悟之前，属于你的东西是很少的；开悟之后，三千大千世界，无量无数一切诸佛世界都是你的，你拥有无限的、无量的一切，与一切的一切都是同体。这是因为没有画地为牢，没有与任何人画界限，所以对人慷慨，和所有一切生命是结合在一起，所以你的生命是无限无量的，所拥有的也是无法衡量的。

曾有位年轻妈妈来参加禅修，禅修期间工夫用得很好，其实也只是心念能够集中，妄念较少，她就害怕地跟我说："师父，我想回去了，因为我愈坐愈好，我可能要开悟了！"我问她说："开悟，你还要回去吗？"她说："开悟之后，我如果连我的孩子都不要了，这多么可怕啊！我还是想要我的孩子，我不要开悟了。"我说："释迦牟尼佛开悟之后，虽然出了家，但是，他让他的太太和孩子也都出家，并且很照顾他们，同时，也回家探望父亲。父亲过世，他赶回家抬着父亲的棺木送葬；他的母亲早已去世到了天上，他特别到天上去为母亲说法。佛开悟出家，并没有六亲不认，只是开悟之后自我中心的烦恼没有了。开悟之前，是以自我中心的立场来对待；开悟之后，则是以众生的立场来对待。因此，开悟的人，是用慈悲、智慧来照顾所有的人。这也就是'法住法位'；知道一切众生各有所需，各有各的立场，必须适应众生，因为所有的众生跟自己都有关系。并不是开悟之后，见到什么人都不认了，儿子也不要了，那是愚痴，那不是开悟。"

二、"无我"的观念最重要

用默照或打坐的方法是不能开悟的，只是帮助减少妄念，以此达成开悟的目的。如果观念不正确，没有用无我的观念来指导，最多只能入定。就像前面说过的，动物多半没有记忆、不会思考，它们生活在现在、现在，所以灵敏度很高、很强。而人类的思想太复杂，经常思前想后，反而忽略当前的状况，变得迟钝。如果用方法经常让心停留在现在，保持着知道现在，这可以增加敏锐度，但这不是开悟。诸位可能会想："那我们在这里修行做什么呢？又不能开悟！"用方法，只是一个过程、一种工具，目的是为了达成某些功能。

想要开悟，一定要用观念来引导，用方法时，随时要将执着放下。譬如说："我在打坐，我知道在打坐，我的身体在打坐。"这里面是有"我"的，这是为了要将心念集中。渐渐地，身体的感觉不存在了，但是"我"还是在的。再进一步，此时打坐的"我"，不只有身体，对于听到或看到环境里的声音及景象，都是"我"；虽然环境里有声音、有景象在动，但是对你而言，动也好、静也好，都是整体的；你和所听、所见的已经结合在一起，你已经达成身心统一，环境统一，这是统一的"我"。再进一步，是"身体在打坐"，"我"没有事，而身体的痛、环境的动，我知道，但是跟我没有关系；身体、心理都没有负担，任何状况的出现都是修行的状况，不是"我"。甚至不必去考虑"我"的问题，只是清清楚楚地知道："这不是我！这不是我！"能够这样不断地练习，自我中心便会愈来愈淡。

许多人对杂念与昏沉耿耿于怀，担心一打坐，不是杂念、妄想，就是昏沉、做白日梦，浪费时间。但是怕妄念，怕打瞌睡，愈怕，心里愈讨厌，所以就愈要和它对抗，对抗一阵子，累了就打瞌睡，睡醒有精神了，妄念又来了，又再和它对抗，于是不断循环地在打瞌睡、打妄想，打来打去，愈打愈痛苦；原因是你太在乎妄想、瞌睡。如果不在乎它，说："打妄想、打瞌睡的不是我，现在用方法的也不是我，方法是否用得上，跟我没有关系，能用方法最好，打瞌睡不可能一直打下去，总有醒的时候，那就赶快用方法。"不要讨厌、对抗，心就会安静下来，杂念妄想会减少，瞌睡的机会当然也会少。心安定有好状况时，不要沾沾自喜地说："我终

于也坐了一炷好香，下一次希望坐得更好一些。"一喜
欢，心就动，就是妄想，就已经被烦恼所捆。

〈第五天：晚上〉

集中心、统一心、无心

一、放舍诸相，休息万事

"放舍诸相，休息万事"是长芦宗赜禅师〈坐禅仪〉里的两句话，就是无心、无我、解脱，也可做为修行默照方法的基本原则。

刚开始用方法时，一定是有我相、有法相。我相，就是我；法相，是佛法的观念和方法。我相与法相是相对的，有我来用佛法修行，所以刚开始一定是有相、有事，没有事就没有着力点。事，是佛事，佛事就叫作修道，没有事就无法得力。譬如度众生，一定有事；求智慧，要用方法，修行的方法就是事。开始修行时，凡是和现在的方法没有关系的所有相，都要放开不管它，只有现在正在用的方法。因此，要放舍所有的相，用现在修行的法相，一门深入，其他的东西都不要管它。

开始修行一定有事的，譬如现在在努力用默照方法，除了默照之外，其他的相都不管它，将心集中在现在的方法上，舍一切万缘，只提起自己的方法。我经常讲："不管妄念，提起方法。"我们的妄念实在太多太多了，但是方法只有一样，随时提起方法，练习着心能够集中，然后练到统一心。

小参时有人告诉我，他认为天台的止观似乎是有次第，默照的禅法是否也有次第？我回答他："禅法本身无次第，修行的过程则是有次第的。"禅法的本身是无相、无我的，既然是无相、无我，怎么还会有次第？但是修行是有方法的，既然有方法，就必定有次第。运用方法的时候，会发现从散乱心变成集中心，从集中心变成统一心。一般人常误将统一心当成开悟，但就禅法而言，统一只是进入无心的前一个层次，无心是超越集中心和统一心的。到了无心层次，才是悟境，才是无漏的智慧现前，这个次第是非常的清楚。

二、统一心的三种境界

诸位已经来了四天整，应该随时随地都在用方法，否则就是懒惰或者放逸。用方法时，虽然有杂念、有妄想、有瞌睡，但是朝着提起方法的方向去努力，将散乱、昏沉的心，变成集中心，这就是修行的次第。有了基础修行的经验，杂念自然愈来愈少，会感觉到身与心是结合在一起。本来是"我在打坐、我在打坐"，突然间会发现，打坐和我、身体和我，是同一个东西，"我"的这个念头已经不存在，这时就是统一心的出现。到了这个程度，可能对环境的声音与状况还是知道的，如果完全听不到，那就是进入"未到地定"，尚未进入深层的定。但是以默照禅而言，不应该进入到未到定，而应该清楚知道身体在打坐以及环境里的状况，只是没有特别去注意这些状况。

当自己的身体与自我分不开时，其实"我"已经跟环境融合在一起了，这是自己与环境的内外统一。统一时，不再把环境里的状况当成对象，虽然也听得到或看得到，但不是以对立的态度来听、来看，环境里的任何东西都是与自己合而为一。但是请诸位不要想刻意变成内外统一，"刻意"是妄念，无法产生统一。内外统一是从身心统一自然而然进入的，如果刻意想要跨一步，结果反而会变成退步，这就离开统一心了。

要把握默照的基本原则，不要只有默而没有照，只有止而没有观，这样很可能进入未到地定，只有身心统一，却失去了对外境观照的功能，这就不是默照。默照的方法是清清楚楚有身体、有环境，知道身体在打坐；渐渐地，身体在打坐的念头也没有了，虽然晓得是在打坐，但此时身体与心没有负担，环境里的声音还听得到，但是自己已和环境结合为一体，这便是内外统一。进入统一心之后，不觉得还有烦恼与自我，好像已经处在无限的时间与空间里，自由自在。出现这种感觉与经验，很容易会被误认为开悟。

统一心的阶段会有三类经验：

1. 光音无限。有光，有音，不一定是同时，而是在无限中。

2. 澄澄湛湛。不一定有光有音，但是心是透明、透彻的，就像透明的水晶，不会动，但是很清澈，此时会觉得是悟境出现。

3. 一片悟境。好像什么都知道，没有一样东西不是自己的，天地万物皆从自性中出，再回到自性中去。

以上三种境界，都是统一心的状况出现。有了统一心之后，可能出现聪明境与神通境的能力，聪明是灵感，神通则是可能会有他心通、天眼通、宿命通等，可以看到、听到平常不容易知道的东西。譬如知道他人在想些什么，甚至能够看见过去以及未来。统一心出现这种经验，原则上是个好现象，能让人产生信心，认为修行是很有用的。但是，这些现象和悟境不相关。如果有人有统一心出现，我会恭喜他，然而还要更进一步，将它舍掉。不要认为自己已经得到很多宝，这些东西都是"我"，这会骄傲、会自负，会认为自己已经了不得了。

在我的出家、在家弟子之中，有几位就是这样，他们认为自己已经开悟，而我又不承认，他们就自立门户自成一派，自称为老师。因为有这么好的经验出现，怎么舍得丢呢？他们都会认为："如果这不算开悟，什么才算是开悟？"我的回答则是："有执着、有开悟，那就不是悟，根本没有开悟这样的事！"结果他们就会说："师父，你一定没有开悟，所以不知道什么叫作开悟！"

三、放舍一切，便是悟境现前

请诸位不仅要将所有的相舍掉，连所有的经验都要舍。不论是有的经验、空的经验、统一的经验，通通不是开悟。诸位一定会问："连开悟的经验都不是开悟，那什么才是开悟？"开悟，不是知识，不是经验，而是无我的态度。这在默照禅法的过程之中是非常地清楚，不断地舍、不断地舍，有什么就舍什么。但是在心尚未统一之前，杂念、妄想随时都要舍，但是方法不能舍，有了统一心之后，必定得舍。舍，就是告诉自己："这个不是我要的，这不是我的目的。"有这样的心理准备，在进入统一心之后，很容易真正进入佛心；如果无此认知，进入统一心就出不来，认为统一心就是开悟，事实上，那个"悟"是英国伦敦的"雾"啊！

释迦牟尼佛在成佛之前，访问过许多大修行人，学到很多方法，他也修得很深刻、很深入。但是，总觉得这些都只是经验，而不是最究竟的，不是真正得解脱，因为还有个"我"在其中。于是释迦牟尼佛放弃了所有从各种大修行人那里学到的东西，重新来过，就是放下，等到真正放下一切时，便是悟境现前。

　　修行的过程中，的确是会产生一些身心经验，没有经验是很奇怪的。我也有经验，也有知识，否则如何将佛法透过文字及语言来告诉大家，但这只是一种弘扬佛法的工具。经验，能够肯定修行是有其效果，如果要得到究竟的利益，一定要"放舍诸相，休息万事"。

凡所有相，皆是虚妄

一、心中无事，不受干扰

　　默，是不要将一切现象，当成与你有关系，所以任何现象不会干扰到你，这就是"放舍诸相"。"休息万事"与"绝学'无为'闲道人"中的无为一样；在日常生活中的待人接物，行住坐卧，都还是有的，但不是什么事都不必做了，而是心中没有什么事可以让自己牵挂的，所以默照，是承认一切都有，如果忽略现象的有，那就没有照了。

　　所以说禅法是心法，主要的意思是心中不会受到任何事情干扰。一般人总是思前想后，不断回忆着过去，总觉得许多机会没有好好把握，或念着曾经做过的事、发过的财、出过的风头；这一生不是在悔恨，就是在陶醉之中度过。要不然就是忧虑担心着未来会发生什么状况，或者事情未到，就提前高兴着美梦成真。梦，在想象之中总是太过美好了，很多人都是生活在梦里，对未来想象得太天真。譬如许多人在结婚之前，都会把婚姻想象得美满快乐；而我小时候上山出家之前，就把山上想象成仙境一样；然而，这种对于未来的憧憬，多半是有问题的。

当我闭关修行六年出关之时，高雄乡下的一个小镇，有个莲社要请我去演讲，一路上有位居士陪着我。那是个蛮热闹的小镇，街上许多人看到来了这么一位不认识的和尚，都会多看两眼，这位居士于是高兴地对我说："法师，一定是老早宣传过，说有位出关的法师要来弘法。你是刚刚修行出山的人，一定有很多人晚上准备听你演讲。"我还信以为真。可是到晚上我要演讲时，只来了三、四十位听众，这个梦很快就破灭了。从那一次以后，我就了解到，凡是事情尚未发生之前，不要想象得那么地美好、那么地顺利。

二十多年前我在台湾主持禅七，那个道场很小，只能容纳二、三十位禅众。有一次禅七结束后，大家报告心得，有好几位禅众一边感恩一边哭着说，师父是他们一生之中最重要的恩人，从此要生生世世跟着师父修行，发愿生生世世不退转。我心想："有可能吗？现在是声泪俱下的感恩，没有多久就会将我忘了，当我死的时候最多说一声：'喔，这个老和尚死啦！'"您们不信吗？真的是这样！当年那些年轻人目前还留下来跟着我修行的，已经很少了。不过发好愿还是应该要发，即使是不能持久。

二、止于一念不是无心

但是，一些空洞的梦想，对心理是负担，对时间则是浪费。所以要"放舍诸相，休息万事"，让我们在用方法时只有"当下，当下……"，有了任何经验就是"放下，放下……"，同时不断地继续用方法。如果经验到统一心时，知道是统一心，因为正处在统一心的状态中无法放下，等境界过了之后，要告诉自己："这个境界不是我要的！"有统一心的经验很好，但是不要去追求统一心，因为愈追求愈得不到，而且统一心不一定有用，最多只能入定。

因此，不论是默照禅或话头禅，并不鼓励注意或进入统一心。中国禅宗参话头时，随时随地都有话头，话头就像一把锁匙，只是个工具。有话头可用，绝对不会发生内外统一或绝对统一的状况。绝对统一已经是念念的统一——前念、后念，念念止于一念，是念的统一，这就是进入深定；身心统一及内外统一还没有到达念念统一的程度。我们不希望进入念念统一的定境，但也不要把统一心当成坏事，可是绝对不要把统一心当成追求的目的。

念念统一是定，能够有入定的经验是不坏的，当念念止于一念时，没有前后交替念头的过程，时间的感觉就不存在，坐一天和坐一秒钟是相同，这是真的进入了定境。能够有此境界固然很好，但这只是统一心，是一种修行的经验，不是无心，并未得解脱，也不是智慧。

修行的过程中有三种心理状态：

1. 散心。刚开始时的心是散乱的、杂乱的，从散乱心用方法，这个方法使得心能够倾向集中。

2. 集中心。在修行过程中，必定先经过散乱心的挣扎，然后变成集中。

3. 统一心。从集中心渐渐妄念愈来愈少，到完全没有妄念、杂念，只有方法，此时就出现统一心。统一心有三个层次或现象，那就是身心统一、内外统一、前念与后念统一。但是，我们所期待的是无心，并不是这三个统一心，这都是过程。无心，不是追求可得，一追求就是妄想心，而是要放下、放下……，"放舍诸相，休息万事"。

三、凡所有相，皆是虚妄

"凡所有相，皆是虚妄"这两句话是《金刚经》所说，也可以说是佛法的根本原则。意思是：凡是所有一切的相，都要将它当成是虚妄的，只要不去执着它，就会产生智慧。

《六祖坛经》讲的无相，是说一切相都是虚妄相，不是真实相。现象虽然有，但那只是幻境、幻相，是因缘有而自性空，只因为因缘的凑合而有了现象；如果另外的因缘产生，现在的现象就会改变，形成另一种现象，所以称它为虚妄相。既然清楚地知道不是真实相，就不会被其困扰，而产生痛苦的烦恼心，此时智慧就出现了。"法住法位"是指当下现在的这一刻，每一法都有其特性与状况，如果有新的因缘参与进去，原有的状况就会改变；就好像化学变化，只要一个成分不同，所产生出来的便是完全不一样的结果。

记得我小时候在上海时，有位居士是个很虔诚的佛教徒，也会讲经说法，有一次他家里失火，房子被烧掉。房子被烧之后，全家人都很懊恼、痛苦，另外一位听过他讲经的居士安慰他说："'凡所有相，皆是虚妄'，房子本来就是虚妄的，烧掉就烧掉了吧，不必太难过了。"房子被烧的居士说："对，房子是虚妄的，我这个人也是虚妄的，但是虚妄的我，还是需要有虚妄的房子来住啊！"于是大家帮忙捐助了一些钱，让他们暂时有地方可住。后来有一次他发表学佛心得说："看到别人有事是'凡所有相，皆是虚妄'。一旦事临到自己，所有相都是真实的，房子烧掉是真的，马上就是一个现实，不知道要住在哪里。"当时我的师父就说："'凡所有相，皆是虚妄'，这是《金刚经》里释迦牟尼佛所说的。从佛的立场来看，所有的人与自己都是虚妄的；可是从众生的立场来看，看到别人是虚妄，但却不承认自己也是虚妄的。不过，我们要学佛，虽然自己发生问题是真实的，但是要将它当成虚妄的来观想，能够如此，痛苦与烦恼就会减少。必须要有勇气面对所发生的问题，因为你还要继续活下去。"

修行，就是要练习着用佛的角度来体验生活，因为我们还没有开悟，没有智慧，没有办法像佛一样。特别是在家居士们，有家、有孩子，也有很多的责任，房子被烧是个非常现实的大问题。而我们出家人大概好些，这个庙烧了就到另一个庙去，不过在西方社会也不是这么简单，其他的庙并不一定会随便接受。所以只有学佛，练习着了解自己，化解心中的苦恼及牵挂，能够"放舍诸相，休息万事"，渐渐就能体会到"凡所有相，皆是虚妄"。但还是要很细心的照顾、运用这些虚妄相，自利利人是要从有相开始，体验无相、体会无相，然后才能实证无相。

我们修行用方法是在炼心，不是在练环境；"凡所有相，皆是虚妄"并不是说一切相都不存在，而是说一切相都有，但是当实证无相的时候，心不会受其影响而波动。之所以发生影响和波动，是因为考虑到自身的利益，觉得那些人、事、物、环境状况种种对自己太重要了，和自己的利害、得失有关，所以认为是真实相。修行时，首先一定要肯定自己、承认自己本身是虚妄的，进而体会到自己的身体与心也都是虚妄的，然后才不会受到外在环境的影响，否则只是闭着眼睛说："虚妄的！外面的环境统统都是虚妄的！"结果别人给你一个耳光，所有的一切就变成真实；这并不是外面的状况有什么不同，而是自己内心的转变。所以，体验、承认坚固的自我执着是虚妄的，如此，也能进一步体验到一切的环境都是虚妄的。

我有一位弟子，打坐很精进，对《般若经》、《楞严经》的内容也很熟悉。有一次他在夜间打坐，有个鬼来找他，他跟鬼说："你不要找我，你找师父去。"第二天他还问我："师父，昨天有没有鬼来找你？"他很清楚"凡所有相，皆是虚妄"的道理，既然是虚妄相，真有鬼出现时就不管它，还去找师父做什么呢？过了两天，夜里我去看他，他正在打坐，经过他面前时，他马上打了个手印，然后睁眼一看："喔！师父是你！"这真是有趣了，鬼在面前，叫它去找师父；师父在面前，还把师父当成是鬼。

一定要肯定自己的我执以及身体是虚妄相，所见所思是幻想幻觉，才能够在面对外境时真正把它当虚妄来看。否则只是观念上的理解，当自己遇上境界时就不虚妄了。

因此，"凡所有相，皆是虚妄"这个观念上的认知一定要有，然而仅仅有认知是不够的，如果不练习着体验"放舍诸相，休息万事"，就好像别人家的房子烧了却跟他说："房子烧掉就烧掉，不要执着，那是虚妄的。"但是当自己的房子被烧，就痛苦不堪。如果能体验到自己的身心是虚妄相，所以自我就是虚妄相，房子被烧是因缘法，接受事实，再做善后的处理，这就是智慧而不是烦恼。

惭愧、忏悔法门／无相、无我

一、以惭愧、忏悔礼拜来安心

　　今天已经是第六天，如果方法用不上，心觉得很累，那是对方法失去兴趣，此时心会浮动，会觉得很烦躁，没有办法继续在蒲团上用方法。这时候，体验呼吸，呼吸很粗；体验身体在打坐，身体上的每个部分都像在告诉你不想打坐，好像蒲团上都是刺，连身上的每个毛孔，都在跟你抗议着不要打坐。有这样的现象，就起坐，利用禅堂的空间，用很慢的动作体验拜佛的感觉，一边拜一边要说："我惭愧，我忏悔，我的业力现前，善根被业力干扰；我惭愧，我忏悔，由于我的菩提心不够，慈悲心不够，所以没有智慧；我惭愧，我忏悔！"一边体验拜的感觉，一边要以沉痛的心情说："我惭愧、我忏悔。"这样拜一段时间之后，心情会安定下来，身体不那么烦躁时，又可以继续打坐用方法了。

当大烦恼出现的时候，最好的方法就是用惭愧心及忏悔心来拜佛。当我遇到我们团体中有重大事情发生必须要解决，否则会很麻烦时，这时候打坐求灵感是没有用的，我都是用拜佛的方法，对着佛菩萨忏悔，心情渐渐会平衡，头脑也会清楚。拜佛会有感应，这是由于外在佛菩萨的力量，以及护法神的协助；护法神是跟着修行人的心境而走的，心安定，他就会来保护我们。我有少数弟子，在大烦恼来时，都不愿意拜佛忏悔；其中有一位非常优秀聪明的年轻弟子，因为产生大烦恼，根本没办法打坐，我劝他拜佛，他说他才不拜呢！因为已经拜了很多年。一个修行人，不打坐，不拜佛，不知道惭愧、忏悔，烦恼来了就是一败涂地，这是很可怜的。所以我奉劝诸位，有大烦恼时，要以惭愧心、忏悔心来拜佛，才能够挽救你不被大烦恼卷走，否则即使修行很多年，也难保不会被境界所转，这是很可惜的事。

不要以为"凡所有相，皆是虚妄"，所以认为拜佛、打坐也都是虚妄的，这是颠倒！打坐、拜佛是为了帮助我们从自己的内心体验"凡所有相，皆是虚妄"，如果体验不到，就要拜佛、惭愧、忏悔。

二、用心法炼心

"若以色见我，以音声求我，是人行邪道，不能见如来。"这是《金刚经》里的一个偈子。意思是说，把色当成我，把声音当成我，这个人行的就是邪道，是不能见到如来的。偈中的"我"是指佛，也可说是空性。以这样的标准来看，所有在修行的佛教徒，大概百分之九十以上行的都是邪道。因为多半的修行人，都将佛像当成佛来拜，这是让眼睛看到的色、一个形相；而持诵阿弥陀佛、释迦牟尼佛、观世音菩萨等佛菩萨圣号，用的是语言声音，将这些声音当成是佛来持诵。

有一个蛮有意思的故事，那是在很久以前在台湾，我们有十多位出家人，每天都持诵《金刚经》。其中有人得到一个消息说，从印度来了位有成就而且神通广大的大喇嘛，准备当晚进行火供。大家都不相信而想去看看，说这是邪道吗？仪式一开始，就有种震摄人心的气氛，感觉很不寻常，当晚并没有风，但是当仪式进行到一半，附近所有的树木都在摇动，很多鸟在树林里面飞来飞去。因为全场的人都在拜，我们这十几个出家人也跟着一起拜，去的时候是绝对不相信，到了会场又不由自主地跟着一起拜。在回程的路上，大家都在讨论着说："'若以色见我，以音声求我，是人行邪道，不能见如来。'今天大家不是都信了邪道吗？"

大喇嘛在火供时，大家都拜而我们不拜，不是很奇怪吗？明明知道《金刚经》里说的"凡所有相，皆是虚妄"，还是执着有相，要不受相的影响是很不容易。不过，这样的相还是有用，尤其是对初学佛以及没有学佛的人而言。据我所知，许多人起初是抱着一种好奇与不信邪的心态去观赏，直至亲眼所见，不得不相信，马上接受灌顶，类似的情况还蛮多的。不过，这不是究竟的佛法，而是方便法。

禅宗一开始就用心法炼心，而不是用"术"来接引人。这种"术"，除了密宗之外，中国的道家以及印度其他的宗教都会使用，其力量来自于画符或咒语，有些是运用神、鬼以及精神体，一方面供养他们，一方面请他们扮演一些角色，产生一些功能，但这和根本的佛法是无关的。

三、不动是默，清楚是照

初学佛者用默照方法时，心不可能随时随地都在默、都在照，大多时候，心都是混乱的，有时候会有恐惧心出现。就像我的弟子在打坐时说有鬼去找他，等师父去了，他把师父也当成是鬼。实际上他在打坐，就不应该有那么多的恐惧心，但是他心里的"自我"还在，没有说："我在默，我在默。照，是很清楚；默，是不动。"他并没有到达这样的程度。虽然在打坐，可是心没有真正清楚地在照，也没有安定地在默，当然会受到影响。

今天小参时有人告诉我听到禅堂里打香板的声音就害怕，担心着有人又要打香板，我告诉她说："你不要怕，要随时准备着有香板声，听到之后，你说这是香板，没有事，不管它。"这就是照与默的工夫。

已经向诸位介绍过默照的修行方法、层次、次第，以及在修行过程中可能产生的种种现象，以及如何分辨是假的悟境，还是真的开悟。过去几天所讲的，都是以有相修行无相，以有我修行无我。刚开始修行时一定是有相、有我，然后用方法及观念帮助我们，逐渐认知何谓无相及无我。

四、历历妙存，灵灵独照

"历历妙存，灵灵独照"这是宏智正觉禅师在悟后，以无相、无我的立场来讲默照。无相和无我常常被误认为：无相是什么都没有，无我是什么都不要；这是不正确的观念。无相，是见到现实环境中所有一切的相，知道它是虚妄、无真实相，无不变的永恒相。至于无我，有人认为如果无我是什么都不要，那是不是就不需要穿衣、吃饭？以我圣严来说，也不必有徒弟、道场，既然无我，还要这些做什么？这种想法是误解了无我的意思。无我的意思，是指没有执着、烦恼、痛苦的我，有的是慈悲与智慧的我；智慧的运用是为众生之利益，而心有所思、有所动，这是智慧的反应。释迦牟尼佛在经典里也常说："我，如来……。"这个我，是智慧的我，是慈悲的我，不是烦恼痛苦的我。

"历历妙存"的历历，是经历的意思，其实就是照的功能，清清楚楚自己亲身的体验。第一个"历"是自己的经验，第二个"历"是清楚地知道这个经验是什么，这就是照；"妙存"则是默。就好像家里有一个保险箱，里面放了许多金银财宝，除了自己以外，其他任何人都不晓得里面是什么，可是它有很大的价值及功能。实际上这个保险箱内的宝，指的就是智慧与慈悲的功能是无限的，不动它时，等于没有。清楚知道自己有这个宝，是照；暂时不动，是默；知道而且清楚它的功能，则是默照同时。

练习照和默的方法，是有前后次第的；一定是先用照，才能达成默的效果。譬如说，知道有妄想杂念，赶快回到方法；知道妄想杂念，是照；赶快回到方法，使妄想杂念停止，是默；知道我在用方法，所以妄想杂念不起，则是默和照。

宏智正觉禅师在语录中所讲的，是开悟以后的境界，工夫已经成熟，是默照同时。表面看来是不动，什么事情也没做，是默；然而事实上头脑是清楚地在照，但是自我执着的烦恼心、情绪心不动，所以是在照也是在默，是默照同时。如果默是默，照是照，先照后默，或先默后照，都表示工夫尚未成熟。

"灵灵独照"的灵灵，意思是非常活泼、灵巧，随时都能适应，恰到好处地反应。经常保持着灵活、灵敏、敏锐，看起来是照，其实是默，因为并没有动。就好像前两天我提到在湖边看到的那只鸟，因为不动，所以灵敏度非常地高。这里的"灵灵"与"独照"的照，实际上是不动的，所以照的功能很强，这也是默照同时。

"历历妙存，灵灵独照"这两句话，就像以一面品质极好的镜子，镜面是不动的，可是当人、物、景在镜前时，镜子里出现的必定是如实地反映，有什么就反映什么。反映是照，然而镜子本身不需要动，就有反映的功能，是默。如果真正将工夫用好，禅宗形容就能够"汉来汉现，胡来胡现"，这是说，汉人在镜前经过时，出现是汉人；胡人在镜前经过时，则是胡人，镜子里一定如实地反映，绝对不会汉人经过，镜子里反映出胡人，或者西方人经过，看起来像个东方人；能够"汉来汉现，胡来胡现"，这便是默照同时。

〈第七天：早上〉
禅修应具备的基本佛教知识

一、佛法的基本原则——"三法印"

　　佛法和佛教不同之处在于，佛法是释迦牟尼佛说的言教，而佛教则是团体。佛所说的原则以及根本教义是不变的，可是佛教会因环境背景的不同，以及每个人根性的差异，而形成不一样的佛教。佛法基本不变的原则为"三法印"，是相同的，从释迦牟尼佛开始到现在，还没有人能推翻。

　　三法印是：诸行无常、诸法无我、涅槃寂静。

　　1.诸行无常：从佛的角度来看，诸行是无常的。"行"主要指的是心理现象，心理现象不是永恒不变的，而是无常的，只是一点一点地在生灭而已。

　　2.诸法无我：诸法是包括所有一切的法，五蕴里只有心法及色法，但色、心二法包含了无限的法，也就是精神的与物质的。一切精神和物质的现象，全部都是无我，实际上就是空。

3. 涅槃寂静：能够实证"诸行无常"、"诸法无我"，就能从烦恼的生灭而得寂灭，生灭灭已，是为寂灭。一般"生灭"的解释，是不再生、不再死，而佛陀的根本意思是实证空性，烦恼不再生灭，没有烦恼生，没有烦恼灭，是为涅槃。譬如释迦牟尼佛在菩提树下成道，虽然色身还在，但因为烦恼已不再生灭，所以那个地方就称为寂灭道场。

三法印就像是鼎的三只脚，缺一不可。因为无常所以无我，任何现象都是在变幻不已中，尤其是身体的物质现象及生理现象。以心理现象为例，刚才跟现在的想法不一样，昨天跟今天的想法又不同，诸位来参加十天禅修，你们的想法是会有些改变。又譬如两个人要结婚时，总是海誓山盟，认为海可以枯、石可以烂，爱情则永远不变；没想到结婚一段时间之后，两人的想法不一样了，不是想征服对方，就是要控制对方，结果变成怨偶、怨家。同样的人为什么婚前与婚后的想法会截然不同？

"我"，只是一个观念，这个观念经常是在变的，既然没有固定的我，便是无我。诸行无常是个现象，诸法无我是个事实，从现象了解事实后，就是实证空性，既然体会到自性是空，就得解脱，就是涅槃。

但如果只是知识上或逻辑上的认同，没有经过实证，这只是个观念，不是结果。不过，观念还是有一点用，但是只能在他人痛苦时帮着劝说："诸行无常，诸法无我，不必那么痛苦，看开一点吧！"等到痛苦降临在自己身上时，就没办法将这个观念运用上了。所以一定要有方法，以观念来指导方法的练习、运用，心才能够愈来愈明澈、安定。安定是默，明澈是照，此时，渐渐就会知道心是无常的，我是不存在的，这就成为自己的实证——实证空性，实证是由体会而得。

二、佛法的变迁

佛教，是运用佛法者所组成的团体。佛教的团体，因为在不同的环境里生存、运作而会有所差异，由于每个人有自己的善根、性格、兴趣，每个地方有其特殊的文化背景，每个时代的风潮、潮流也不相同，所以就会出现各形各式、千变万化的各种佛教形态。在释迦牟尼佛时代，佛所说的法，就是佛法，是一味的，三法印是佛法的根本。当时经常有一千二百五十位阿罗汉，是由佛的十大弟子分别带领，并依据弟子们的根器、性格不同，佛就将其分类。例如喜欢神通的跟着目犍连，修精进头陀行的跟着摩诃迦叶，记忆好的就跟着阿难陀。

佛法实际上只有一味，就是解脱味，其目的是从苦、从烦恼得解脱，就是涅槃寂静。苦与烦恼，围绕着我执而产生，只有慈悲与智慧，才能从我执而得解脱，这就变成自利利人的佛法。可是弟子们各有各的喜好及兴趣，因此发展出不同的特色。释迦牟尼佛涅槃之后，佛法渐渐从印度向四方传播，后代弟子们逐渐分为保守派及青年派两个派系。保守派认为只要是佛曾经讲过的一切，就不能改变，都要遵守。年轻的一派，则认为只要尊重佛法的原则，如何能得解脱才是最重要的，生活方式应该适应时代以及当时的环境，否则佛法无法推广。保守派又称长老派或上座部，青年派又称大众部。

事实上，长老的上座部也不断在分裂。因为长老们的弟子们，他们的意见也会不同，慢慢又分成了一部一部。泰国、斯里兰卡、缅甸佛教，认为他们属于根本的上座部，其实并不然，许多形态、制度，都和佛的时代不尽相同了，这包括他们所穿的金黄色袈裟。

最近我到泰国曼谷，那些上座部的出家人，披的全部都是黄色袈裟。有一位比丘跟我说："比丘的衣服一定要染成黄色。"我说："真的吗？戒律里没有这样的根据。你们穿黄色是有道理的，因为南方的气候较热，所以我赞成你们穿这种颜色，像我穿的这种深咖啡色，就容易吸热。"有些中国的比丘因为对汉传佛教失去信心，看到南传比丘穿的都是金黄色，所以在很多场合也改穿黄色的僧服。虽然经典有预言，比丘将来到什么时候，衣服的颜色将会改变。但在佛世的比丘，并没有穿黄色衣的。

三、佛教的传播

佛教从印度向南传，先至斯里兰卡，然后到现在的缅甸、泰国。由于这些地方没有他们自己较高的哲学思想、宗教文化，所以佛教的思想、生活，在当地的改变不多，只有保存南传巴利文三藏的内容。不像北传大乘佛教，不断地在增加，有经典、有论典，还有祖师的著作。

佛教从印度向北传到中国，因为中国本身的文化非常丰富、发达，有儒家、道家，还有其他的思想家。佛教进入中国后，为了使中国文化愿意接受佛教，不得不适应中国的环境，所以中国佛教就出现很多的思想家。大乘佛法在中国展开另一个新的局面，这跟印度的大乘佛教不太一样。

至于同样是大乘佛教的藏传佛教，那是在公元六、七世纪时，才从印度传入西藏，比汉传佛教晚了大约六、七百年的时间，原则上接受的是印度佛教的晚期。那时候的印度佛教已经衰微，渐渐快要灭亡，而西藏因为地处高原，是个极神秘的地区，本来就有一种很普遍，类似萨满教的苯教信仰，所以当印度佛教进入西藏，藏人最喜欢的就是神秘的部分，能跟苯教的神秘经验结合。因此，西藏佛教中，金刚神或神秘神的部分，发展得很好，这和它的特性、地区，以及传入的时代有关。

在中国文化中，不论是道家的老子、庄子，或儒家的孔子、孟子，他们的文化思想都非常重视人的本位精神，那就是人本主义、人文主义、人道主义，是以人为主。尤其孔夫子"不语怪力乱神",儒家对于天及鬼神,是存而不论。因此,佛教在西藏保有神秘的部分很多,因为他们特别相信,也愿意接受。但在汉人的文化里,尤其是高级知识分子,对这些神秘经验是排斥的。所以佛教传入中国之后,凡是弄神弄鬼,装模作怪,一定会被批评,因而渐渐发展出最清净的禅宗。

在释迦牟尼佛时代,以佛及弟子所表现的纪录来看,除了三法印的佛法之外,神秘的部分也是有的。可是到中国汉传佛教,特别是禅宗,便将神秘部分全部过滤,只接受纯粹由三法印而延伸的法义,讲的是直指人心,明心见性,从内心做起,练自己的心,明自己的心,而得解脱,这又回到三法印的原则。虽然禅宗的历史上,也有其神秘的部分,但是并不重视它。

我是汉传佛教,所传的是禅宗的佛法,称之为禅法。我所知道的汉传佛教,是有很大的适应性,能适应时代与环境以及所有的人。此外,它非常理性,不重视神秘的经验与色彩,这就是汉传佛教的特色。现在佛教的三个系统是:南传的上座部、藏传的西藏、汉传的禅。各派均有所长,不知道现在或未来的西方,哪一种佛教最容易被西方人接受?

　　不论你们过去学的是哪一宗、哪一派，未来要去学哪一宗、哪一派，诸位现在是跟着我学，你们还是用汉传禅宗的方法专心地炼心。在用默与照的方法时，知道心经常在变，念头不断在动，这就是无常。因为经常在变、在动，没有一个永恒不变真实的我在其中，那就是虚妄的我，能有这个认知，随时都可以放下所有发生过的事。现在要用的，只有方法。

<第七天：晚上>

解脱乐、护法神

一、解脱乐胜于世间乐、定乐

天台宗二祖慧思禅师的著作《诸法无诤三昧法门》，书内讲到许多人将身心经验当成开悟，将进入禅定视为证果，"未证谓证"，没有真正证得空性，却说自己是证到了，这种误解实在是下地狱的地狱种子。许多人认为佛性是可以用眼睛看、用身体接触、用心感受，这是有问题的。因为既然是空性，怎么可能看得到、接触得到、用心体会呢？所谓见性，实际上是自我中心的脱落。

（一）爱的层次，快乐的种类

许多人问我，爱人或者被爱，是安全温暖的，追求快乐与爱，也是很有意义、很舒服的事。如果来修行禅法，连爱与快乐都没有，活着还有什么意义？尤其是西方人，特别重视快乐与爱。

我们先要来了解爱的层次：1.占有的爱：爱是互相的占有，我爱你，你属于我；你爱我，我属于你，这是占有或独取的爱。2.同情的爱：是一般人说的同理心，也就是同情心，这不一定是占有，而是看到他人痛苦，愿意协助使得其快乐。3.牺牲的爱：为了爱，可以牺牲自己。世间的爱大概就是这三个层次。占有、独取的爱当然不好；同理心、同情心的爱是可以的，但不可能对每个人都会产生这种爱；牺牲的爱，则是非常痛苦的事。

快乐的乐也可分为三种：1.刺激的乐，2.发泄的乐，3.放松的乐。刺激的快乐，应该以男女的性欲为最刺激，如果不断地连续刺激，那就变成了苦事。发泄的快乐，是放纵狂欢，例如不停地饮酒作乐。放松的快乐，则以禅定的定乐为最稳定、持久，但是出定之后，不继续打坐修禅定，定力退失也会痛苦懊恼。这三种乐都不是究竟的快乐。

（二）解脱之乐最快乐

所有的快乐，都没有比从自我的执着、烦恼而得解脱更快乐，所以释迦牟尼佛说的佛法只有一味，是解脱味。禅修的目的，就是为了解脱的乐，即使在修行禅法的过程之中未得解脱，但是，在自我中心愈来愈淡时，痛苦也会愈少，渐渐就得到解脱的快乐。解脱之后，对任何一个人的爱，绝对是无条件的，没有时间性，也没有一定的对象，这种爱是平等的慈悲，是绝对的爱。但并不是把对动物跟对自己的亲人同等看待，还是人是人，动物是动物，这是智慧；如果把动物和自己亲人同等对待，这不是平等的慈悲，而是愚痴。

（三）世间欲乐皆短暂

我曾问过一位蛮胖的女孩子，问她为什么会这么胖？她说："我也不知道，只是觉得忙时无聊，闲时也无聊，无聊时就吃东西，吃东西就很快乐，我整天都在吃零食。但是，我很讨厌我这么胖。"喜欢吃又讨厌胖，这究竟是快乐还是不快乐？

在我出家的乡间，那时候大家都很穷，庙里只有到过年时，才能吃到糯米做的芝麻汤圆。就有一个愚痴的出家人，认为一年都吃不到，要吃个够本，于是连吃了三大碗，吃得好快乐。因为糯米汤圆太好吃了，他连咬都不咬，就这么囫囵吞枣地把一个个汤圆吞到肚子里，结果糯米不消化，在肚里结成一团。晚上睡觉前，觉得肚子不舒服，连呼吸都很困难，他就到佛殿上抱个大木鱼，用木鱼压着肚子，边敲边念着："阿弥陀佛，让我放个屁吧！"那时候的乡下也没有医院，于是请了位中医，医生叫他吐，叫他呕，叫他泻，都没办法，最后他就死了，火化之后，结成一团的糯米变成了一个黑球。他吃的时候是很快乐，可是居然会吃到丧命，这是很可怜的事。从此以后，我只要看到有人吃汤圆，都会劝人少吃一点。

以上两个例子是说，世间的乐都是暂时的，不是绝对而持久的，唯有解脱乐才是永远的。得解脱的人，不会紧张、恐惧、饥渴，饥渴又分为物质与精神的饥渴。有人问我："师父，你在任何地方都很忙碌，工作量又多又重，你忙得快乐吗？"忙，有的是身体忙，有的是心在忙，如果学会禅修的观念和方法，就能像我们前面说过，永嘉禅师〈证道歌〉所说的"绝学无为闲道人"，那我还有什么好忙的呢？我虽然没有得大智慧、大解脱，但是我在学习着禅法，所以我不觉得有那么忙，而且还蛮快乐的。有时候我也会大声的讲几句重话，讲完之后就没事了；当然，尽量不要这样，因为那不是很舒服的事。

（四）修行能成就无私的大爱

禅修时，自然而然能够产生喜悦，这是禅悦、法喜。禅悦的产生是因为用方法使得心念集中，杂念、妄想的负担减少，此时会有一种如释重负、轻安的感觉出现，轻安就是快乐。前面所提到的第三种放松的乐，就是属于禅悦里的定乐。但是禅悦不一定有法喜。法喜的产生，是因为虽然自己的修行工夫还没修到这个程度，但是懂得用佛法纠正自己的观念，想法跟过去不同了，当有麻烦、有痛苦的时候，会用佛法来处理，就会快乐多了，这就是法喜，法喜是非常重要的。不论法喜或禅悦，都要比刚才讲的三种快乐都好。

禅修者能否爱人或被爱？这是不用怀疑的事！当自我中心愈来愈淡，能体会到自己与环境合而为一，感受到环境与自己是那么地亲切，不容分割；此时，不仅对人，对动植物也都会有爱，会以慈悲心来对待、照顾它

们，你和它们不会再有距离，彼此是完全相应的。以爱
心对待动物时，它们也会很欢喜，觉得很安全、很快
乐，花草树木也是如此。在我们的道场里，有位在家居
士照顾花草时，花草树木都死了；后来换了另外一位居
士照顾，这位居士很有爱心地照顾着这些花草，本来快
要枯死的，后来都长得很茂盛。甚至有些野鸟，会在花
盆里生蛋孵小鸟，小鸟飞走之后，母鸟还会来带这位居
士去见它的孩子，鸟与人没有距离，这就是爱。修行的
人自然会有这种爱心出现，不必担心修行之后，连儿子
都不认得了。

二、不期待护法神

今天有人问说："为什么打坐时护法神就不来，在
拜佛、忏悔时，护法神就会来保护呢？"我说，这和你
自己的心有关。心很安定、很开朗的时候，不仅是护法
神，即使是动物、植物也愿意和你在一起，因为觉得很
安全、很舒服。打坐工夫好，护法神一定会来帮助，如
果打坐时，五心烦躁，混身都是刺，护法神当然就跑走
了。不要认为护法神都是大菩萨，他们或许是跟着你的

一种灵体，只要你对他有益，他就来；譬如拜佛时，他也跟着拜；吃饭供养，他也会得到些东西，护法神跟着修行的人，对他是有用的。修行好了，护法神自然会来，但是请诸位不要老是想要护法神来。

我讲一个护法神的故事。大约在七十年前，有三位出家人准备结伴到西藏学法。在那个时候，从北京到西藏的交通极为不便，路上需要有护法神保护。出发之前，每天祈求护法神能够护送他们至西藏。有一天，有一位出家人被灵体附身说："我是护法神，你们请我，我过来了。但是你们不要太欢喜，我是西山的黄鼠狼。"另外两位出家人说："我们请的护法菩萨，怎么来个黄鼠狼呢？"它回答说："像你们这样三个人，只能够找到我啊！"

黄鼠狼还有个条件："正好我也想去西藏学法，但去不了，既然你们求我，一路上我就跟着你们一起去。但是，你们每天就算不能够给我一只鸡，最少也要三个鸡蛋。"和尚说："我们是吃素的呀！"它说："我知道你们吃素，但是西藏喇嘛是不吃素的。"后来他们求黄鼠狼："拜托，请不要跟着我们吧！我们要的是护法菩萨，不是黄鼠狼！"好不容易把黄鼠狼请走。三位出家人就暂时不去西藏，不然，一路上跟只黄鼠狼在一起就麻烦了。因此，请诸位不要期待着护法神来护你的法，说不定跑出个黄鼠狼来给你护法。因为你所期待的，必定与你的修行程度相应，修行不够，就会来个很奇怪的东西。

三、踏实用方法

用方法虽然是有层次、有次第，可是请不要自作聪明地认为，走了一步，就要跨出第二步；走第二步，就准备要跨出第三步，这样方法是无法踏实的。譬如说，自认为已经是集中心了，就想要进一步进入统一心；进入身心统一，就想进入内外统一，然后再进入前念与后念的统一。这种情形事实上根本没有统一，而是在打妄想。

统一，是自然而然的，不是自己想要从这一层次至另一层次，而是要"放舍诸相，休息万事"，要不断地舍。但是刚开始方法不能舍，方法一舍，就变成打妄想，或者头脑一片空白。方法，是自然而然到后来好像没有方法可用，实际上仍在方法上；很清楚知道自己是在打坐，虽然身体的感觉不存在，还是晓得在打坐，环境也是清清楚楚的。此时，不要去想自己是身心统一还是内外统一，念头一起，就什么也不统一，根本是在打妄想。

〈第八天：早上〉
直观与空观

一、不分内外

打坐时，只知道我在打坐，知道身体上若干部分是有感觉的，但是不要特别去分别是哪一部分，或者是特别注意某一部分，也不对任何一点产生反应。所谓知道，不是经过思考，而是直觉晓得有这样东西。如果能够做到，此时此刻，身心便是统一的。

也不要觉得内外统一很难。坐在禅堂内，眼睛如果半睁着，可以看到前面的地板、人物、毛巾、垫子等，即使眼睛闭着，也可看到透过眼皮的光影，但不要被看到的东西或者光影所影响，而生起第二念。例如看到地板上的花纹，或者前面打坐的人坐的样子很奇怪，甚至于穿的衣服颜色、花纹、料子都很特别；或是耳朵听到咳嗽声、飞机声、鸟声、汽车声、风雨声，或者什么声音也没有，因为太寂静，耳朵里好像有一种"吽……"般的天籁声，对这些现象都不要感到兴趣，看到就是看到，听到就是听到，不要特别去注意它，心里不要有任何的反应，此时的你和环境就是统一的。

事实上，在动的状况下也可达到统一。譬如到户外经行的托水钵；拿着装满水的一碗钵，但是还要走路，要特别小心钵里的水不能流出来，如果只知道平稳地把钵托好，此时心在钵上，心已经跟钵合而为一。如果觉得好累、好辛苦、好麻烦，心一烦乱，钵里的水便会流出来。要是能够觉得托这个钵非常值得，很喜欢，没有负担，没有对立，集中心与统一心就会出现。

在《庄子》书中有一个"庖丁解牛"的故事，叙述庖丁在杀牛时已经出神入化，牛不会痛苦、恐惧，自己也很省力地在使用那把刀。有人问他怎么办到的？他说："刚开始时，我看到的是一只全部的牛；渐渐地，只看牛的一个一个局部；到最后，根本没有牛了。"实际上他已经从集中心进入到统一心，没有内外，没有彼此，他已经看不到牛，跟牛是结合在一起；又因为已经对牛的身体组织、结构、关节非常清楚，所以晓得怎么做是最省力的。而且杀牛的人没有杀的心，牛也不知道是要被杀，牛遇到他，就像是安乐死。中国人有句谚语——"游刃有余"，就是形容庖丁割牛时，技巧熟练，刀在牛身上的任何部位，都不会碰到阻碍，那把刀就像在水里游一样地，非常地自在、自由。当自己的心能和身体统一，那是自在的；跟环境统一，则是自由的；"游刃有余"，就是遇到任何状况，不会受其影响，处处是自由的、自在的。

我不会杀牛，也不吃牛肉，用这个杀牛的例子来比喻修行禅法的统一心，似乎是很残酷。事实上，运动员、艺术家、表演家们，在心力很集中的时候，也可能达到统一心的境界。然而统一心和开悟是两回事，必须要善根深厚，以及正确的佛法指导，也就是三法印——诸行无常、诸法无我、涅槃寂静，再加上练习集中心、统一心之后，才可能触发开悟的状况出现。

二、不起对立

许多人认为修行禅定就能得解脱，然而，修行次第禅定是绝对不得解脱的。虽然在次第禅定里有个最高的解脱定，即灭受想定、九次第定，然而解脱定并不是因为进入四禅八定之后而得解脱；而是在具备四禅八定，也就是有统一心的工夫时，必须在听闻佛法之后，将自我中心全部放下，甚至将定也要放下，此时智慧出现，称为解脱定。所谓九次第定，也不是在达到第八个定之后就进入到第九个定，而是要把前面的八个定放下，不要执着哪个定，灭受想定，就是要灭掉四禅八定中最高的非想非非想处定；灭就是舍，释迦牟尼佛最后成道，就是舍最高的非想非非想处定，然后才进入到解脱定。

要达成内外统一或身心统一，其实是很容易，但是一定要练习。打坐时用"只管打坐"的方法，自然而然就会进入身心统一和内外统一。可是在行动的时候，譬如：扫地、割草、经行，要怎么办呢？人是在环境里活动，不仅只有身体在动，身体、环境和心都是彼此互动的；在互动的状况下，不要生起对立心。练习着对见到、听到、感触到的任何状况，都不要给它名字、形容、比较，这主要是为了达到不和它产生对立的目的。因为有名字、有比较、有形容，就是对立。凡是大的、小的；长的、短的；好的、坏的，或是什么颜色等等的分别，就已经把环境里的东西拆得一个一个散散的，不是成片的。如果没有对立，就是统一；即使是在动中，也是统一，这就是动中修。

各位在户外经行，经常会听到鸟叫，这是正常的，但是不要有反应，不要生起第二念，这只是自然里的东西。同样地，看到石头就绕过去，不要给它"石头"这个名字，如果被石头挡住了，你就起了个念头说："岂有此理！有一块石头在那里，我要把它踢开。"这样你的心就是跟石头产生了对立，不是统一的。如果出现"听而不闻、视而不见"的情况，有两种可能：一种是处于集中心，专注于某境，对环境中其他事物不知道，身心与环境没有统一，这不是统一心；另一种可能，是前念与后念统一，这是入定。当内外统一时，对身、心、环境的状况都是清楚的，但是不会起反应；内外统一不是变成白痴，而是明确地知道，那是"照"；不起第二念，是"默"。

这个方法练好的话，在日常生活中是很有用的。不论是夫妻吵架，或者跟长官、同事之间有冲突，都是清清楚楚，应该怎么做就怎么做，但是心不会产生痛苦、怨恨、混乱、烦恼。就像大自然里的流水，遇到任何状况，即使是一个小缝，都会流过去，而不觉得是一种妨碍；实在流不过去，水就停在那里，等到可以流动时又继续流动；即使永远无法流动，只要等到太阳一晒，水就蒸发成为蒸气，又可以自由行动了。这就好像统一心，统一心是非常自由，不是呆板的、死的东西。

三、直观与空观

直观实际上就是默照，好像摄影机的本身是没有选择的，只要在镜头范围之内，将光线、距离、焦距对准，它就平等接受。我们可以选择一个范围来用直观的方法，譬如看一朵花，花有花瓣、花蕊，一直看下去，可能一只蝴蝶和蜜蜂飞进来，进来就是自然地进来，不要拒绝什么，很自然地，看到什么就是什么。

直观是对环境的直觉，进一步是空观。空观，是连统一的这种心的念头都没有，不会觉得练好统一心就非常得意，将这种心也要放下。但不要误解空观是头脑里一片空白，空观是舍无可舍。

以恒常心用功不急求开悟

一、揽之不得，不可名其有；磨之不泯，不可名其无

"揽之不得，不可名其有；磨之不泯，不可名其无。"这是宏智正觉禅师所说的。

所谓"揽之不得"，是指想要用手或心来体验，但是根本没有这样东西，所以根本得不到，这个"揽之不得"就是默照。用方法在照、在默时，是有照和默的功能；修行默照成功，也就是默照同时出现，这时候，如果还能够分别体会这叫作默，那叫作照，生起体会的这个心，那便是妄想心、执着心，不能称为默照。默照同时的时候，是无法用心去体验的。

"磨之不泯"的磨，是分析、解散、拆开，认为这

样大概就是没有了。默照的工夫，说它有，是错的，因为这成了有执着；说它无，也是错的，因为默照的运作还是有的，而且说它无，那就落于顽空，认为空无所有，而变成了一种邪见。而是说，如果以心去体验它，而执着地认为有这样东西，则是错的；应该是功能有，而实质是无。

明朝末年有一位卧龙禅师说"无"是指心不起，但六祖惠能说"无"是起了又起，这究竟谁是对的？在禅宗语录中，弟子和老师之间的对话常常是这样子的，弟子问"有"，老师一定答"无"；弟子问"无"，老师则是说"有"。难道弟子跟老师是在玩文字游戏？其实这完全是工夫，指的是不一样的东西。

禅宗公案里有一则蛮好玩的故事，有位大官去拜访禅师，问说："善恶是否有因果报应？"禅师说"有"。可是另外来了一位出家弟子也问禅师同样的一句话，禅师却说是"无"。大官就问禅师："你回答他无，回答我是有，你总有一个地方是错的。"禅师说："请问，你有老婆吗？"大官说"有"，又问那一位弟子："你有老婆吗？"弟子说"无"，禅师说："你看，我的回答是对的啰！"

对于心中牵牵挂挂、放不下的人，一切都是有的，有生死、有涅槃、有解脱、有痛苦、有烦恼、有智慧、有地狱、有净土，样样都有。对心中已经没有牵挂的人而言，天堂、地狱、佛、烦恼、智慧，都是没有的；既然无牵挂，有跟没有，完全相同。譬如说，在家人可能有先生、太太、儿女，心中再放下，也还是有的，不可能完全没有牵挂，因为这是你的家属及孩子。我这个出家人，从来没有娶过老婆，根本没有对太太及儿女的牵挂。但是我有徒弟，如果徒弟发生意外，我不可能装着不知道的说是没有牵挂，首先就要晓得伤势如何，甚至亲自前去探望。

例如刚才我的弟子告诉我说："今天下午有几位菩萨去锯树，结果树倒下的方向不对，很麻烦！很糟糕！"我第一个反应就是问："人有没有受伤？"我的弟子告诉我："师父，你不要急，已经把这棵倒下的树，绑在另一棵没有倒的树上了。"然后他又慢慢地来叙述当时的状况，我再问："是否伤到人了？"他仍是叫我不要急。从这一点看，我似乎是有牵挂的，因为我首先考虑到、想到的是有没有人怎么样？有没有危险？但是我不是为了我自己而关心他们，所以我是没有牵挂的。

还有一个故事是，有位太太经常供养、护持我们，有天突然告诉我说："师父，我的先生有外遇，他要跟我离婚，你看我是否要答应呢？"我说："既然已经结婚，能够不离婚是最好，离婚之后，你变成了没有家的人。"她又问："师父，我还有两个孩子可以靠，你为什么叫我不要离婚？可能你担心我离婚之后就没钱供养你了！"我说："阿弥陀佛！如果我贪着你的供养而叫你不要离婚，我也不值得做你的师父了！你离不离婚是你的问题，你现在有两个孩子，离婚之后，你的孩子还有爸爸，还有妈妈，可能又多了一个你先生外遇的女人做妈妈，唯独你没有丈夫了。我考虑到的是你、你先生及孩子，你有没有给我供养，都是相同的。"她很不好意思地说："我怎么没有想到，师父是专门为我们设想，而不是只为自己。"

经常要练习着不为自己的利害来关心人，这才是没有牵挂的；如果只为着自己的得失等问题而关心人，那是有牵挂。最近台湾发生一桩事，有个小女孩从小是由她祖母扶养的，当孙女要进小学，她的父母就把孩子带回去。祖母舍不得孙女，晚上就到儿子家装鬼吓孙女，希望孙女赶快回到她的身边来。结果装鬼被儿子抓到，就将祖母送到警察局，经法院判决，为了保护小孩，不准这位祖母再接近儿子的家，因为会对孙女的心理造成不良影响。这位祖母不仅无法见到孙女，连儿子、媳妇也不容易再见到；想要得到，结果却失去更多，这是位可怜的祖母。

二、以恒常心修行

早期在台湾的初级禅训班一期是三个月，每星期上一堂课是两小时，初级班之后就进入中级班。其中有一个男孩很聪明，记忆力很好，上课后问他们是不是听懂了？他一定回答说懂，并且马上念给我听，跟我说的完全一样。初级班是讲散心、集中心、统一心，到了中级班则讲无心，这个学生说："我老早知道什么是无心，无心就是没有牵挂。"我心想，这个学生的反应快、悟性高，真是可造之才。中级班结束，他来参加禅七，禅修期间，我讲开示时只要一问，他一定回答，跟我是对答如流。后来我说："怎么都是你回答？"他说："师父，大家不回答，总要有人回答！他们不懂，我懂，我当然回答啰！"然后他问我说："师父，我的悟境如何？"我说："你是鹦鹉的'鹉'啊！"鹦鹉是人家讲什么它就跟着讲什么。

后来这个学生非常急切地要我承认他已经开悟，我说："你的悟境那么高，我怕你啊！要我承认你开悟，那是害你，我不承认你开悟，你讲的话又都是我所讲的。但是，我不能从语言上肯定你是开悟，开悟是没有办法用理论来解释分析。你没有开悟就是没有开悟，你再怎么讲，我也不会承认的。"请问诸位，这个学生他有没有牵挂啊？事实上，我们只要好好修行，就是有用的，开不开悟都是相同，为什么一定要去追求开悟呢？

大乘菩萨的修行时间，从初发心至信心不退，要十劫；信心不退到断除烦恼的一分，是一大阿僧祇劫；烦恼如有十分，十分烦恼全部断除，是第二阿僧祇劫；从第二阿僧祇劫开始到成佛，是第三阿僧祇劫。许多人来参加几天禅修，就准备要成佛了，这真是对不起释迦牟尼佛啊！

大乘菩萨要信心不退就要修十劫，我们一般的凡夫都是退退进进，想要信心不退，就要不断地发愿修行，鼓励自己修行，信心才能持久。因此，在十劫之内，遇到大麻烦时，信心还有可能会退，但是已经种了善根，如果遇到机会，善根还会再发芽，信心又会再回来。也许诸位会想："修行的时间要这么长，算了！"如果算了，那就完全没有希望了。

三、悟不等于解脱

正统的佛教修行人，不会随便说自己已经是圣人，特别是在中国，所有的祖师没有一位说自己是圣人，都说自己是凡夫。许多大乘菩萨示现的是凡夫相，圣人和凡夫在一起，现凡夫相、凡夫身来度众生；如果说自己是圣人，凡夫会觉得这不是一般人能达到的，结果会导致与人间脱节。

有一次我问达赖喇嘛："在西藏，开悟的人多不多？"他说："开悟，对菩萨而言是解脱，那不是凡夫菩萨的解脱，而是圣人菩萨的解脱。开悟之后的菩萨，已经断一分烦恼，还有未断的烦恼没有显现。听说台湾开悟的人很多，那开的是什么悟呢？"我说："真是惭愧，我们没有人告诉大家什么是开悟，所以认为只要有一点神秘经验，就是开悟。中国禅宗、天台宗就有讲过这个问题，我也知道经验不是开悟。"

禅宗讲的见性不等于解脱，见性是指和空性相应，可以说是开悟，但并不等于是解脱。譬如，没有见性的人如同是在云雾里，云和雾将视线挡住，根本不知道远处有座山在那里，只听过有人说那里有座山，但是自己从来没有见过。见性，就像云雾突然间开了个缝，从缝中一看，知道前面有座山在那里，但是缝合拢之后，山又看不到了。虽然已经看过山，晓得那地方有座山，但并不表示已经上山了。见性，又好像在黑夜中，没有灯，什么也看不到，此时突然有个闪电，在一闪之间变得好亮，全部东西看得清清楚楚，然而一闪过后，又什么都看不到了，只是在闪的那一刹那中，看到了一些东西。

所以，大慧宗杲禅师说自己："大悟一十八遍，小悟不计其数。"也就是说他经常与空性相应，但之后又会被烦恼盖住。数字的形容并没有意思，重点在于说明悟境并不等于解脱。开悟是见性，是与空性相应，但不是解脱。请大家不要太重视自己是否见性，重要的是烦恼与痛苦是否减少，是否比以前慈悲、快乐。

圆悟克勤禅师说过，古代把关很紧的祖师，印可他人见性开悟，那个印是金刚印；但是现在很多老师给的印，是用冬瓜做的"冬瓜印"；我则形容，目前有更多的印是"豆腐印"。

<第九天：早上>

发出离心与菩提心

一、佛法与其他宗教不共的观念

修行佛法或禅法，必须要有理论，也就是要有观念和方法。观念是指出如何解脱的方向和原则，方法则是炼心，从散乱心炼到统一心。就方法而言，不论是不是佛教或禅宗，都可以用；但是理论的观念，佛法与其他宗教的观念是不相同的，不同之处在于解脱、无相、无我、空的观念。

（一）无神论

曾经有几位非佛教徒问我："其他宗教是否可用禅的修行方法？用了之后能不能得到力量？"我说："当然可以用，一定可以得到力量。"他们认为佛教跟其他宗教完全相同，我说："绝对不同。用方法等于用工具，任何人都可用那个工具，工具有它的效果及功能。然而指导的方向、原则不同，得到的就是不一样的效果。"他们又问："为什么？不是同样是宗教吗？许多宗教师认为，你们佛教所信的神，应该跟犹太教、基督教、伊斯兰教所信的神是差不多的，只是解释不一样，同样都是神啊！"我说："佛教是无神的。"这下可把他们楞住了，问道："你们不信神，你们信什么呢？是不是反对我们的神呢？"

　　我说："无神，当然就不信神，既然是无神，为什么要反对你们的神，反对你们，不就是表示有神了吗？我不但不反对，而且是赞成的。每个宗教的神，是对他们这个宗教有用，他们认为信的是唯一的神，但在我看来却不是的。就像美国、中国以及每个国家，都有他们自己的领袖，但不是世界上共同的领袖。历史上许多国家、民族的领袖，例如亚历山大、成吉思汗、拿破仑、希特勒、斯大林等，都希望做世界共同的领袖，但没有一位成功。因此，我承认你们信的神是有的，不过，不是全宇宙唯一的、最高的、最大的神；要不然每个宗教为什么都不承认彼此的神，而且每个神只保护自己的信徒、民族，对我们来讲，这些神叫作护法神。"

目前我正在做这样的工作，希望把所有的宗教，组织成一个宗教的联合国。大家都成为这个联合国的会员国，每一个宗教的神都在一起，彼此做做朋友，不要相互指责说你是魔、他是魔。如果能够达成这个目的，这个世界就是一个和平的世界。但是，人的联合国比较容易，神的联合国却很难。问题就在于每个宗教都各自有其神学观念，要放弃自己信仰中的神学基本观念，而共同来成立一个宗教联合国宪章，这是很困难的。

不过撇开观念不说，佛教所提供的修行方法，在伊斯兰教里就有一派在采用；而天主教有许多神父和修女，他们也在学禅。特别在日本，有一位神父就有个禅堂，有许多学生在跟他学习打坐。那个禅堂跟我们佛教的禅堂完全一样，用的方法及规矩也相同，他说他是天主教的禅师。有人问我这位禅师是真的还是假的？我说："这是天主教的禅师，不是佛教的禅师，有什么真和假呢！"

佛教和其他宗教不同之处是在观念上，佛教是无神论者，不承认有什么神创造的宇宙。无神论的意思是宇宙和人类，不是由哪一个最高的神所创造，宇宙与众生，是由于众生的共业所形成；也就是说，许多共处在宇宙中的众生，形成宇宙众生的业，因而有了宇宙的现象，这是众缘——众生的业缘所创造，称为共业；这个观念和有神论是不同的。但是，每一个宗教的神，都说是神创造了宇宙，以佛教的观点来看，还算是健康的。

（二）因缘观

佛经里有一段记载是说，印度相信最高的神叫梵天（Brahmā），他是宇宙的原理及根本。梵天去见释迦牟尼佛，佛问："宇宙是你创造的吗？"他说："是梵天创造的。"佛说："因缘所生法，我说即是空。一切都是因缘生，此生故彼生，此灭故彼灭，这是因缘生，因缘灭，并不是由一个最高的梵天神所创造。"由于梵天认同佛所说的因缘生因缘灭，所以请佛说法，后来梵天就成为佛的弟子以及护法。

各种宗教信仰的神学理论，所带来修行的结果也会不相同。有神论的到神国去，无神论的则至涅槃，也就是解脱。有神论者也讲解脱，但是这种解脱是指从人间解脱到神的天国；而佛教所说的解脱，是从烦恼和我执得到解脱，进而至不生不灭的涅槃境界；涅槃之后进入法身，自己的身体变成法身，法身遍在，在所有一切的时间、空间里，并没有一定的位置，这跟去天国的解脱是不一样的。虽然在佛教信仰中也有净土说，但事实上，并没有一定在哪个地方才称作净土，只要心得解脱，处处便是净土。

禅宗有位禅师将要去世，他的弟子问师父百年之后要到哪里？禅师说要到山下当一只公水牛。弟子就问："师父，你到山下做牛，那我是不是也要去做牛呢？"禅师说："你到山下做牛，就只有专门吃草啦！"禅师是做什么都好，因缘如何，就到哪儿去。释迦牟尼佛就曾经在过去生行菩萨道时，为了救度动物，而出生为牛王、象王、马王。禅师死后要去山下做牛，人们会问："开了悟的禅师怎么会去做牛呢？"其实，烦恼不生不灭就是解脱；已经解脱的人，只有众生，没有自我，众生需要什么帮助，就应现什么身分，是不拘自己的身分，不会考虑到自己说："我是禅师，除了禅师，我是不做的。"

我现在是老师，我当学生的时间很长，学生身分一直到四十六岁至美国为止。我常常这样想：虽然我是老师，你们是我的学生及弟子，但是有些人，比我更有基础，更有善根，他们是为了成就我，所以把自己变成学生，他们真是菩萨！

水涨船高，没有好的学生，不能成为好的老师；没有坏学生，也不会成为好的老师；如果只有普通的学生，那个老师必定也是普通的。因为有很坏的学生时，老师会受到考验，至少要付出很大的耐心及慈悲心，对老师而言是一种成长，这个坏学生就是位大菩萨，是可怜我而来成就我，所以我要感恩坏学生。如果遇到非常好、非常优秀的学生，我更是感恩。因为他们会有很多的反应，能够启发老师，使得我这个老师也不得不优秀，因为我会觉得惭愧，我会更加地努力。因此，优秀的学生及很坏的学生，他们是菩萨再来，都是我的大菩萨，也许他们自己并不知道，可是我相信他们是发了这个愿，来扮演这样一个角色。我这一生之中，优秀的学生不多，坏学生倒不少，他们当时是会让我不舒服，好像与我纠缠不清，但是事后我会觉得，如果没有他们，我可能无法付出这么大的耐心。

二、出离心与菩萨道

出离心，实际上就是默照的默，不受任何诱惑、刺激，有任何状况及现象时，不受其困扰及影响，但仍很清楚地知道有这回事。出离，是要从烦恼、是非的陷阱中跳出来，不要再跳进去。有位菩萨对我说："师父，我很傲慢，我讲的话可能对你不恭敬，请你原谅我的态度。"我说："这是你的事，跟我没有关系，不论能力强或能力弱的人，都可能傲慢。"其实这就是个陷阱，他已经明白告诉我，可能会对我不恭敬，如果我因此觉得不舒服，那不就上了他的当？所以人与人接触时，随时随地都可能有个陷阱让你跳进去，对方也不一定是故意的，而是他的性格就是如此。如果一接触，就紧张、生气，那就是跳到那个大陷阱里去了。

有的人认为出离一定是要出家；没错，出家的生活形态以及生活的戒律，能够得到许多预防措施，跳进陷阱的机会较少。但是，出家人如果贪心、瞋心、烦恼心很重，出离心就无法生起。无法生起出离心的出家人，常常导致三种结果：一种是犯戒；另外一种是还俗；第三种结果虽然不犯戒也不还俗，但是经常在惩罚自己，原因是不知道如何让自己不受环境影响。在家修行者则根本难以防范，随时随地会跳进陷阱里去，所以更需要修行默照。因此，不论是出家人、在家人，都要用方法、用观念指导，不要忘了经常要拜佛、忏悔，这样比较容易生起出离心。

当身心环境遇到障碍，就要惭愧、忏悔，这是由自己的业所造，不知道是在过去生或这一生，不能够埋怨他人。然后，要发菩提心、出离心、感恩心、回向发愿心，用佛法修行，一定可以成就。

菩提心，是指发愿成佛，但成佛是个空洞的名词，所以要先行菩萨道。所谓"上求佛道，下化众生"，求佛道，是亲近所有的善知识；度众生，则是慈悲地为众生奉献，而且不求回馈，绝对无条件地持续奉献下去。有人认为发菩提心，只是为了成佛，这就好比想要发财，只求上天赐予钱财而不努力是一样的，用这种态度所发的愿是没有用的。想发财必须懂得如何经营，成佛也是一样，要经营菩萨道，这才是菩提心。

〈第九天：晚上〉
以感恩、回向心面对顺逆因缘

一、感恩心

在天主教或基督教的宗教信仰中，吃饭时要先感恩，以前我觉得很奇怪，是自己在工作，自己在煮饭，为什么要感恩上帝？最近看到一则新闻，世界足球赛冠军是巴西队，在宣布冠军时，他们不急着上台领奖，而是全队先在台下做祈祷，感谢天主，因为天主站在他们这一边，让他们得到冠军。这在其他的足球队看来是很奇怪的，为什么天主只保佑巴西队而不保佑我们？有个评论员就说："宗教信仰非常重要，如果没有天主，这个荣耀是得不到的。"据说他们在比赛开始之前，就天天在为比赛祈祷，直到最后拿到冠军，当然要感谢天主。这种信仰的力量是有用，可以使得信心坚强。

（一）感恩佛法僧三宝

感恩，是表示自己所得，是要靠他人的协助和赐予。但是以禅修的立场，修行是自己的事，佛说"自修、自悟、自证"，自己修行，自己开悟，自己证明自己开悟，或许有人会问：为什么还要感恩？可是，如果没有佛法告诉我们修行的方法以及指导观念，就会成为盲修瞎练。方法是佛所教的，方向则是佛所说的，所以应该要感恩佛。

释迦牟尼佛是经过三大阿僧祇劫的修行而成佛，然后将成佛以后所得的智慧，无条件、无保留地奉献给众生。佛法从释迦牟尼佛开始，代代相传；有些是以语言或文字，有些是运用心法，一代一代直接地心与心彼此相应。禅宗尤其重视心法相传，心法一断，法脉也就断了，只剩下文字和语言。文字和语言只是表面，心法则是根本。但无论语言、文字还是心法，这三种方式的佛法都是由人在传承，所以我们要感恩这些代代传布佛法的人。

三宝就是：佛、佛说的法，以及传法的僧。僧，就是佛教弘法的团体，是以出家人为中心，所以要感恩弘扬佛法、传递佛法的佛、法、僧三宝。当然，在家居士也可以成为一个团体，《法华经》里甚至说到，只要传递佛所说的法，不论传递者是人或动物，都应该要感恩。其实凡是清净的、精进的，能够将佛法传持的团体，或团体中的人，都是应该尊敬及感恩。

（二）感恩父母及众生

佛说修行法身，必定要以肉体的色身做为工具来修行，否则就没有着力点。因此，要感恩有这个身体，能用身体来修行佛法，而身体是由父母所生。曾有位男众居士，从小被父母遗弃，他在孤儿院长大，到现在都是用孤儿院院长的姓。他听到我说要感恩给我们身体的父母，就来见我说：“我连父母都不知道是谁，一生下来他们就把我遗弃，我没办法感恩他们。我要感恩的是孤儿院院长，是他将我带大的。”

于是我对他说：“我小的时候也有这样的想法，因为父母把我生得瘦小，打架打不过人，又笨笨的，骂架也骂不过人，我讨厌我这个身体，也讨厌父母为什么要把我生出来。后来渐渐长大，感恩父母没有把我丢弃，因为在一个很穷的生活环境里，无法给我很好的教育，而我又瘦、又小、又笨，只有做和尚去。如果我的身体强壮，乡下人大概就会被送去做苦力。现在我做和尚做得很快乐，所以感恩父母给我生了这么个没有用的身体。至于你，今天如果不是被送到孤儿院，而是在一个有钱人的家里，可能会变成一个浪子，书读不好，钱随便花。因为你是个孤儿，没有什么可依靠，知道必须努力向上，所以你要感恩你的父母。"他听完后觉得很惭愧，马上跪下忏悔，表示知道要感恩父母了。

曾经有一个台湾的弃儿，生下来就被父母遗弃，送到一个基督教教堂的门前。教堂的牧师是位挪威人，他就把小孩送给一对挪威的医生夫妇，现在孩子已经十七岁，养父母带他到台湾来寻找亲生父母。透过电视、电台、报纸等媒体的报导，还是没有人出来相认，有人问孩子说："你恨你的亲生父母吗？"他说："如果我恨我的父母，就不会回来了，我是怀念他们、感恩他们，所以要求养父母把我带回台湾见一见亲生父母。虽然没有见到他们，但我还是很感恩他们，我生在台湾，我的身体是台湾出来的。我的心中有两对父母，一对是生父母，一对是养父母，我对他们都是一样的感恩。"这真是个有善根的孩子。

（三）感恩逆缘

顺缘和逆缘是两种增上缘。顺增上缘，是在成长的过程中，会遇到许多的恩人，都是在支持我们、帮助我们、提拔我们、指导我们，不论他们是有心或无心，有计划或没有计划，如果不是他们，我们不可能会有今天这样的成就。细心一想，这样的人应该是很多的。

逆增上缘，是从相反的方向来影响，想要往前走，有人扯后腿；想往上爬，有人歧视你，使得你失去信心。中国人讲"打落水狗"、"落井下石"，已经跌倒，不但不扶起来，反而再踹你两脚，在这种情况下是很痛苦的。可是，如果有善根，阻力愈大，意志力愈强，愈是不断地改进自己、成长自己往前走。释迦牟尼佛在修行的过程之中，提婆达多就是他的逆行菩萨，累生累劫专门在跟他捣蛋，所以释迦牟尼佛可以很快成佛。释迦牟尼佛很感恩这位菩萨，在《法华经》里为他授记，预计他将来会成佛道。

我也曾有过这种状况，当在山里闭关修行时，遇到经论里的一些问题解决不了，就写信请教一位很有名的法师。可是这位法师因为和我师父之间，有些意见上的冲突，所以不睬我，我连写了三封信，就像石沉大海般没有回音。我当时真不是味道，认为这位法师真不慈悲，对他而言，这些问题很简单就可以回答我，他却不回应。可是这样的状况，促使我想办法自己找更多的经论，读更多的书，最后问题就解决了，对我反而是太好了。这位法师还给了我另一个阻碍，是我在闭关准备从山里出关时，有一个道场没有住持，他们还派了人来跟我谈，要我去当住持，当时我觉得去做也不错。可是这位法师得知后，就主张将此案取消，说我是某人的徒弟，怎么可以让我去当住持？由于没有去当住持，我就去日本留学，学成之后，我非常感恩这位法师。因为当初如果不是他反对的话，我现在可能还在当住持，不但日本去不了，也不可能取得博士学位，当然更不会有今天这个圣严法师。

此外，当我在日本留学，日本有几个团体愿意供给台湾的出家人奖学金，只要台湾的机构出具证明，表示此人在台湾研究佛学，是个优秀可造之人，就可以申请。当时我就请台湾中国佛教会为我写推荐函，信中回复我说没有问题的，但等了半年却毫无音讯，打听结果，是因为佛教会的某位法师，与我的师父意见不合，不愿意给我推荐函。当时我想，这位法师真是不慈悲。

但就因为我得不到奖学金，在缺乏经费的情况下，反而读书读得特别勤、特别快，学位很快就完成。回到台湾后，我去感谢那位不愿替我证明的法师，我说："感恩法师，我能很快拿到学位，也许你不知道是你成就了我，谢谢你。"

因此，感恩不只是感恩顺增上缘，也不要忽略逆增上缘。也许他们根本不知道帮助了你，可是你是因为他们而有成就、有成长，这个力量是从他们而来。以这种感恩心对待他人，对自己是最快乐、最平安、最值得的事，不但心胸开朗，而且增长了慈悲心。如果见到每个人都是恨、怨、妒嫉、怀疑，一直都在烦恼痛苦之中，修行是无法得力。所以感恩实际上是帮助自己，因为感恩的对象没有得到什么，他们并不了解你，得到最多的反而是自己。

在生活环境中，应该感恩所有的人，不论是在家庭中、工作中，任何时间遇到的人都应该感恩。如果用这种感恩心待人，我们的心始终是明朗的、爽快的、欢喜的，时时有"遇到一个恩人，又遇到一个恩人"的感觉，总比"我遇到个仇人，我又遇到一个敌人"要好。然而感恩心不是愚痴心，不要以为反正是感恩，他人踢你一脚，你要他再踢第二脚，这是愚痴。佛教徒以及修行人，不是愚人，而是有慈悲、有智慧的人。

所以，遇到逆境现前要处理，不被逆境所困。不要认为反正是逆境，是逆增上缘，再来多一点都没关系。房子倒、失了火，或者是受了伤，还能安心修行吗？如果没有健康的身体，连运用的工具也没有，修行也修不成。因此，能回避的还是要回避。

二、分享修行利益就是回向

回向，是将自己修行过程之中所得的利益，分享给其他人，譬如这次修行十天，愿意将十天修行的功德，分享给别人。但如果光只是这么想，也跟着大家跪在佛前做回向，这是一种信仰，不能说没有用，但是功能不大，最重要的还是自己性格的调整。如果修行十天之后，观念、行为、心理上都有所改变，本来很容易发脾气，现在脾气变好；本来容易怀疑，现在相信人；本来容易妒嫉，现在不妒嫉而是赞叹；本来很自私，现在常常为人设想。这就是分享，这才是真正的回向。

回向，是分享利益，而不是分享烦恼。如果打完这

次十天的禅修，回去之后看到所有人，你都认为他们没
有修行，而自己已经是从小鸡变成凤凰，身处在慈悲与
智慧的清净世界，而他们是那么愚蠢、那么可恶，都是
烦恼鬼，是来干扰你的修行，你愈看愈不顺眼，这不是
回向而是在造罪，造更多的业，烦恼心更重。心里有更
多不满及困扰，那么，这次的修行根本不是在修行，而
是专门在打妄想。

〈第十天：早上（圆满日）〉

结束是另一阶段修行的开始

一、将方法带回日常生活中

有位女众跟我抱怨说："我已经修行多年，每次打禅七，在禅修期间方法似乎有用，回去后只能保持几天，渐渐就用不上力。然后再来打禅七，又是从头开始，这样的禅修，究竟有没有用呢？"我问她："我们每天要吃饭、洗脸、漱口，为什么天天都要做同样的事？"

中国有句谚语："学如逆水行舟，不进则退。"学习，就像船在逆水中向上划，如果不好好努力地撑着、摇着，就会顺着水势向下流，所以要不断地、不断地努力。另有一句谚语："拳不离手，曲不离口。"武功再好的武术家、嗓子再好的演唱家，都要经常练习，否则就会陌生，就会生疏。

禅修也是一样，明天禅十结束之后，在平常的生活之中还是要继续练习。这十天是在厘清观念以及练习着运用方法。如果指望禅修期间师父能够帮一个忙，一下子就能开悟，这是不切实际的错误想法。禅修期间，只是集中时间使心安定地学习观念及方法，学好之后回去要能够在日常生活中运用。诸位还记得你们在求学时，所学的是要在生活里运用的，而不是在学校里用。譬如学法律、学会计、学工程等，不是在课堂上用就好，学成之后，是一辈子都要用的。同样地，禅修不是只有在禅堂里用，回家之后就忘光了，这样是颠倒的。

前几天我们提到要有惭愧心，惭愧心生起之后，就是忏悔。修行时，如果心很散乱，用惭愧心及忏悔心，心会安定下来，力量就会出现，否则心浮气躁，心力不能集中，体能也有问题。如果没有惭愧心，是假的忏悔。惭愧、忏悔，是对自己抱歉，对他人抱歉，不应该说的话说了，不应该做的事做了，不应该跳的陷阱跳进去了。惭愧与忏悔，能够不受外在影响而知道坚强、改过，成长再成长，在任何状况下都是安全的。

大约在三、四十年前，当时台湾大学的校长是傅斯年先生，是位很有学问、很有理想的学者，到现在大家还在怀念他，但是当年有一位民意代表很讨厌傅斯年，就请他到议会列席质询。民意代表讲话很不客气，当场把傅斯年气得发抖，下台之后就气死了。后来那位民意代表说："我的目的是要气气他，没有要他死，当校长的人这么没有修养，还当什么校长。"其实，当人家骂你、冤枉你、批评你的时候，听到就听到，这是照，这是他站在他的立场所说的话，是他的看法及评价，对自己毫无损失。不要以为名誉是第二生命，被人一毁，连第一生命也不要，这不是很奇怪吗？已经被射一箭，自己再补第二箭把自己射死，痛苦和怨恨就是再拿另一枝箭刺自己。这听起来好像很愚蠢，事实上这样的例子太多了，也是很可怜的，如果能用默的方法，就不会这么做了。

有时候被伤害是难免的。例如，前天我在院子里帮忙浇水，做完之后手有点痛，我根本不知道我的手什么时候破了一块皮。受伤之后，重要的是赶快擦药疗伤，保护它，而不是让它伤得更大。一般人在被人攻击、批评、刺激，或事业失败、工作被资遣，已经受伤很痛苦，之后又再将伤扩大，是很愚痴的事。

在西方的观念，受了欺负一定要伸张正义，不报复就是没有正义。但是东方的佛教讲因果，结痛苦的因，再还痛苦的果，一报还一报，佛法说："冤冤相报无尽期。"你踢我一脚，我还你一拳，愈来愈严重，最后可能演变成你要我的命，我要你的命。冤家宜解不宜结，应该以慈悲心待人，而不是以瞋恨心待人，否则对己对人都是不利。如果被伤害之后，心还在不断地伤痛，那就要惭愧，因为那是很对不起自己，爱护自己也是非常重要的。

许多人认为信了佛教之后，会变成被人欺负的软弱人。事实上，佛教是主张坚强，要有智慧及力量，不是任人欺负而不处理。能自利也能利人，能自保也能护人，这就是慈悲心，就是菩提心。

二、发菩提心

发菩提心的目的，是为了消融自我的自私心、追求心。因为菩提心就是要行菩萨道，菩萨道中最重要的两句话："不为自己求安乐，但愿众生得离苦。"这就是奉献自我、消融自我的一种方法。在发菩提心的过程之

中，都是在为众生，以利益众生来利益自己，因为利益
众生的同时，自己的菩提心、慈悲心，以及智慧心也都
在成长。否则，发菩提心只是为成佛，似乎与"不除妄
想不求真"是冲突的。发愿成佛，不是自私心，是求最
高真正的佛果，认知到佛是如何成就的。

其实，菩提心是默照的照，照是很清楚的反应，知
道众生以及环境之所需，恰到好处地给予帮助。慈悲就
是菩提心，菩提心就是慈悲，是平等的，不考虑对象究
竟是谁。当然，距离近的，帮助的机会多一些，根本不
认识，听不到也看不到的，就要看缘分了，但是在原则
上是平等的。

所谓平等，是不是除了把自己的孩子照顾好之外，
有许多流浪汉的孩子，也一个个捡回来，和自己的孩子
一起平等照顾？到最后，可能你的孩子也跑到街上变成
了流浪汉了。这必须考虑自己的能力，先将自己的孩子
照顾好，如果有能力照顾更多的孩子，当然是没有问
题。但如果能力、因缘不许可，就应该量力而为。

无所求的心，就是菩提心，也是出离心。真正有菩
提心的人，一定有出离心。因为菩提心不为己求，不在
乎自己的得与失，只是奉献；出离心则是出离烦恼的

心。因此，菩提心是慈悲，出离心则是智慧。

请诸位把握最后一天的时间，要发出离心、菩提心。发菩提心是照，发出离心则是默，要对任何的杂念、妄想有菩提心，不要恨它、讨厌它；但是，也要有出离心，不占有它、不在乎它，那就是轻轻松松、自自然然地在运用方法了。

（公元二〇〇二年六月二十七日至七月七日默照禅十，开示于美国纽约象冈道场，姚世庄居士整理）

第三篇

英国威尔士默照禅七开示

壹、什么是默照禅

　　禅七期间，将为诸位介绍曹洞宗宏智正觉禅师（一
〇九一—一一五七年）的"默照禅"。

　　中国曹洞宗的源头，是洞山良价禅师（八〇七—八
六九年）及曹山本寂禅师（八四〇—九〇一年）。而日
本曹洞宗的源头是中国天童如净禅师（一一六三—一二
二八年）及日本道元希玄（一二〇〇—一二五三年）两
位禅师，如净是洞山良价十三代，其第十代真歇清了，
是宏智正觉的同门，同出于丹霞子淳座下。其系统可列
表如下：

丹霞子淳┬宏智正觉—净慈慧晖—明极慧祚—东谷妙光—直翁德举
　　　　└真歇清了—天童宗珏—足庵智鉴—天童如净—道元希玄

　　基本上，日本曹洞宗的只管打坐，和中国曹洞宗的

默照禅，是有差别的，我既然讲默照禅，先将方法给诸位复习一下，使诸位在方法上清楚，观念上正确，如此修行，才会进步，才能着力。

在座有很多位，曾经学过日本曹洞宗的只管打坐，听过曹洞宗禅的开示，也看过曹洞宗的著作。我也知道他们是怎么教的，但是，我用我的层次及阶段，将方法由浅入深地告诉诸位。因为，宏智正觉的默照禅是开悟以后写的，它是从悟境中，告诉我们什么是默照禅？然而，对于尚未达此程度的人，想要实践是相当不容易的，因此，必须从基础的方法开始，才能知道开悟以后，所体会的默照禅是什么？

如何开始学习，我将它分为三个层次：一、只管身体：把姿势坐好，身心放松，以有心无心地注意自己整个的身体；不是只感觉身体的某一部位，而是在同一时间内，观照整个身体的任何部位，同时要放轻松，紧张的话，很快会累。所谓放松，是神经、头脑不要紧张，但是身体及坐姿必须正确，背及后腰不能放松，否则马上弯腰驼背，那就是懈怠了。松懈时容易打瞌睡，方法也用不上，头脑必须保持非常清醒，如果感觉有点懒，并且迷迷糊糊的，这都不是只管打坐或者默照时应有的状态。

二、把环境当作身体的一部分：清楚地知道身体在那里，但是，它并没有给你负担及感觉，虽然身体的痛还在；甚至于，痛也没有，而周遭之环境如同你身体的一部分，此时有风吹声、鸟叫声，在威尔士偶尔还有羊叫声，但是，对你来讲，环境没有打搅到你的心，而是很自然地，跟你的身体在一起。身体在、环境在、你的心也在；有主观的自己、客观的身体，同时被观照得很清楚，但是，就是没有负担，没有受到干扰。

三、以空做为观照：向内观照，内心无限地深远，向外观照，外境无穷地广大。环境在、身体在，但是自己已经不在；没有主观的自己及客观的环境，一片明朗、清净，到了这个程度，身心世界，整个宇宙，都是我自己；以为没有境界，事实上，空境即为观境。此时，是否开悟了呢？还是没有，一离开打坐，进入生活的环境中时，还会受到干扰。洞山良价修行时，认为自己体会到佛经中祖师们所讲的悟境，可是，他的师父云岩昙成禅师始终认为他还得努力。后来，洞山离开云岩去行脚，有次经过一条溪流，水面清澈，清楚地看到自己所反映的倒影，他的面孔、他的身体，他便大悟云岩所示百年后的真象"即遮个是"的意旨，他便很欢喜地说："切忌从他觅，迢迢与我疏；我今独自往，处处得逢渠；渠今正是我，我今不是渠；应须恁么会，方得契如如。"

因此，没有开悟的人，总是执着的，不是执着于"有"，就是执着没有语言的对象的"空"；当洞山良价看到空和有，内和外，不相妨碍、不是对立、也不是统一，不执着境界，不否定现实时，还能和现实融合在一起。

没有时间、空间，没有自我、对象：心念不动，但是历历分明。心中无物、无相，但是明净灵活，此时，就是默而常照，照而常默；默中有照，照中有默，到了这个层次，便是大开悟。

诸位会问，开悟以后会怎么样呢？不要好奇，初学者需从第一阶段开始，自然而然会进入第二、第三个层次，一步步地做到，一步步地不要执着，这是开悟的过程。

昨晚到现在，已经在用只管打坐的人，可以继续用下去，没有用过的，听了我的讲解后，有意愿试试这种方法的也可以，或者用的是从过去老师那儿学来的方法。我是相当开放的，任何人可以用自己愿意用的方法，但是，观念的指导是最重要的，观念相同，目的才会一样，至于用什么方法进入禅境，这是没有一定的。

几乎与宏智正觉同时代的人，有一位长芦宗赜禅师（十一世纪末、十二世纪初时人），撰有一篇〈坐禅仪〉，他所教的禅修方法，就是主张调饮食、调睡眠、调坐姿、调息，然后"一切善恶都莫思量，念起即觉，觉之即失，久久忘缘，自成一片"。可是，宏智正觉的〈坐禅箴〉，一开始就说："佛佛要机，祖祖机要。不触事而知，不对缘而照。"用默照下手，不用天台止观的前方便。可是，一般人如果一开始就用默照，是很不容易的，必须还是从止观的前方便做起，这是一种预备阶段的辅助法。

此外，日本现代有一新派，就是原田祖岳禅师（Harada Sogaku）的龙泽寺派，名义上属于曹洞宗，实际上是融会了曹洞、临济两宗之长，而创立一派生气蓬勃的禅佛教，成为今日日本向国内外传播禅法的主流之一，他没有用只管打坐或默照，而是教人数息、参公案。默照，其实就是止观并用，止的时候，心中没有杂念，观的时候，很清楚地知道自己没有杂念；因此，观的时候止，止的时候观；照的时候也在默，默的时候也在照。将观用作照，将止用作默。所以虽然源出于止观，却不是止观。基础方法刚开始用时，是观照自己身体的全部；观整体不观局部，必须要有一样对象让心有所住，然后才能无住；有所住，并不是住于不断起伏的杂念、妄念，而是住于正念，此正念便是观整个的身体，同时通过注意身体的整体，而不让自己有妄念。

身体的痛、痒，腿的不舒服，一定还有，但是，你要不管。就像我们看到地板上有很多墨迹，但是，不是只看到某一点，而是意识到整个的地板上有很多的黑点点。

开始时心不安没有关系，只是留意身体的全部，其他什么都不要管，慢慢就会专心一念在方法上。

貳、宏智正觉禅师默照禅

一、〈坐禅箴〉

现在开始讲宏智正觉的语录。

宏智正觉的著作相当多，我从《宏智禅师广录》中，选了些跟修行默照方法有关的，挑了几则来讲解，做为课题的依据。请诸位珍惜这段禅七的时间，因为，我下次什么时候来？或者会不会再来？都不知道；而且，修默照禅的人很少，能够讲默照禅的人更少，诸位听了后，即使不用也没关系，但是，要用心地听。

首先介绍宏智正觉的〈坐禅箴〉，就是坐禅的箴言；它是对坐禅人的忠告，对坐禅人的金玉良言，它的全文如下：

佛佛要机，祖祖机要。不触事而知，不对缘
而照。不触事而知，其知自微。不对缘而照，
其照自妙。其知自微，曾无分别之思。其照自
妙，曾无毫忽之兆。曾无分别之思，其知无偶
而奇。曾无毫忽之兆，其照无取而了。水清彻
底兮，鱼行迟迟。空阔莫涯兮，鸟飞杳杳。

佛佛要机，祖祖机要。

佛佛是指三世诸佛，过去、现在、未来，还有十方
的佛，它的根本点就是明心见性的清净心；清净的本心
和涅槃的妙性，佛与佛之间，彼此心、性相通，这叫要
机。而祖师们虽然经过一重一重的悟境，不论是大悟、
小悟，但尚未成佛，在成佛的过程，还有机关的要领、
要点、枢纽要开，用什么开？就是用"默照"。如同阴
电、阳电一接触时，就会打雷闪光；祖师们已经知道如
何接触心、性，所谓触机而悟，机就是心性，碰到它、
触到它时，自然就会开悟。

不触事而知，不对缘而照。

事，就是相对之境界。有事、无事都是事，有念、无念都是执着；但是，心境清清楚楚、明明白白。不触有事，不触无事，并不等于是无知的人或死去的人，实际上，"不触事"就是讲默，"而知"是照。

缘，是指境界。外的境界及内的境界，外境界是对身外环境而产生之心理现象，内境界是指自己内心的思想，像回忆、记忆、猜测、推敲、思考等。既不缘外境，也不缘内境，而境界是清楚、明朗，如同镜子一般，镜子本身并没想照什么东西，但是，在镜子前出现的任何东西，均可被照映到镜中。此处指心就像一面镜子，有照的功能；但是，没有对内、对外一切现象之执着及分别，故称"不对缘而照"。

这二句话，都是默中有照、照中有默。

> 不触事而知，其知自微。不对缘而照，其照自妙。

因为不触事，所以照的功能很强；因为默，所以照的功能更微细。譬如说，当我们用肉眼来看风景时，一眼望出去，不可能将每一点、每一个人，甚至眉毛、汗毛都在视野的范围之内，为什么呢？第一是肉眼迟钝，第二是我们的头脑，本身有分别心，对某部分有兴趣，或者没兴趣；然而，用高性能照相机的镜头来照时，在很短的几分之一秒时间内，可以将镜头内的每一样东西清清楚楚地拍摄进去。因此，当心没有主观的自我时，才能接触到佛性。从现象的表面是看不到佛性的，对现象不起执着分别后就看到佛性，也就能看到清净的本心和涅槃的妙性，这就是微。

听说露思（Ros Cutbert）要替我画人像，并且在半小时内就能捕捉到我的形貌和神情，我想看看她是否能将我全部画进去，而且要问她，究竟是触事，还是不触事；也许，过了三年，她给我一张白纸：因为，这就是师父讲的"默照"。

"不对缘而照，其照自妙"，是同样的意思。上面一句的"不对缘"是指默，下面一句是照的功能微妙。默时不接触事，知道得更多，照时不对着任何事物攀缘，照得更透彻，悟境也更深。

其知自微，曾无分别之思。其照自妙，曾无毫忽之兆。

　　这是讲的默照的功能，因为没有一点分别的念头，才能将佛性体验得那么清楚，虽然在照时，佛性是如此透彻、如此微妙，但是，没有一丝一毫的现象曾经发生过，没有可以讲给他人听的，没有让你有东西留在心中的。佛性就是这个涅槃妙性，也是绝对的空性。

　　曾无分别之思，其知无偶而奇。

　　这二句是接着前句连下来的，反复地将默照时没有分别之念头，讲得更透彻。心中没有单数、偶数之分别，但是很清楚，这是一个或者是二个。譬如说，这里有二个茶杯，当在用默照时，不会说它是二个茶杯，只是很清楚地有东西在那里，但没有一个或二个茶杯之分别，其实，杯子只是个名词，连这个东西是杯子的念头都不需要有。

　　一切都是有的，但是不给它名字、给它好坏、给它左右、给它上下；主要的目的，就是不要引起执多执少、执有执无的烦恼。

　　知而不执着，对其他人来讲，还是要有名字，就像这里有男众、女众、东方人、西方人，别人问我这是什么人时？我很清楚这是男人、女人，那是东方人、西方人，但是对正在用功修行的那个人来说，不必有这些分别心；有分别心、有执着心时，就是不平等的，而是差别心，也就见不到佛性了。

曾无毫忽之兆，其照无取而了。

没有现象，没有痕迹；因为没有痕迹所以无取，没有想要什么或舍弃什么。但是，问我是否需要喝茶、睡觉、吃饭呢？生活必需品当然要呀！生活中的各种事情照样要做。不过要归要，做归做，心中不留善不善等许多思量。就如鸟在空中飞过了之后，不会留下一丝痕迹。这里的"了"，就是什么事情都照样地做，随时地了。

水清彻底兮，鱼行迟迟。空阔莫涯兮，鸟飞杳杳。

这四句诗的表面有水、有鱼、有天空、有飞鸟。其实是形容默照禅的悟境。"水清彻底兮"，实际上根本看不到水，也可以说没有水。"鱼行迟迟"，并不是鱼游得慢，而是在时间上等待、等待，始终没有看到鱼游出来。

"空阔莫涯兮"，好像有一个无限的空间，其实，既然是无涯，空间并不存在。"鸟飞杳杳"，在这无涯的空间之中，往四处六方乃至十方，深远地望出去，连一只飞鸟的踪迹都已经不见了。这是说的既无空间，也无飞鸟。

这首诗，描写在时间和空间之中，都是那么地宁静，当然也没有自我中心执着。鱼和水、鸟和空，都是相对的境，它的境界就是默照同时。诸位现在还没有到那样的层次，也许，一望出去，水底好多鱼，水却是浑的；天上好多鸟，空中却有乌云。想看鱼时，结果出现了螃蟹；想等鸟时，结果看到了飞机。

二、《宏智禅师广录》

（一）田地虚旷，默照佛性

昨天及前天晚上，讲的是方法及宏智正觉默照禅的〈坐禅箴〉，今天继续宏智正觉禅师之语录，讲默照禅的开示，原文如下：

> 田地虚旷，是从来本所有者。当在净治揩磨，去诸妄缘幻习，自到清白圆明之处，空空无像，卓卓不倚。唯廓照本真，遗外境界，所以道："了了见无一物。"个田地是生灭不到，渊源澄照之底，能发光能出应。历历诸尘，枵然无所偶，见闻之妙，超彼声色，一切处用无痕、鉴无碍，自然心心法法，相与平出。古人道："无心体得无心道，体得无心道也休。"进可寺丞，意清坐默。游入环中之妙，是须恁么参究。

> 田地虚旷，是从来本所有者。

这两句是由默照所见的佛性，即是指清净的心和虚空的性，它是无限的，是无边的，事实上，众生从无始以来皆有佛性，因为佛性是空性；是完全平等、完全相通、完全相同的。

为什么叫"田地"呢？因田地能化腐朽为神奇，人们将用过的、吃过的、剩下的，或者排泄出来的东西，还给田地。这些废物变成肥料后，田地又再长出五谷。

田地的意思有两种，凡夫所种的业田，是以贪瞋邪见为种子，长出的是烦恼的草、痛苦的果，为人们带来许多的不自由、不自在；佛菩萨种的福田，是以持戒、禅定、智慧为种子，长出的是慈悲、解脱、般若、涅槃的果，不但自己用，同时也给众生享用。

当在净治揩磨，去诸妄缘幻习，

把妄想、攀缘以及幻境的习气，不断地用默照的工夫，擦拭、揩磨，直到非常清净、无染、圆满、光明时，佛性就显现了。

有位禅者开悟以后，当时没有人知道他已开悟，有一天，老师叫他去河边洗米，洗完了，米也不见了，中午烧饭时，人家问他："米呢？"他说："不是叫我洗米吗？"又问他："那么，洗好的米在哪里呢？"他说："我只知道要洗米，但是米不知道洗到哪里去了？"因此，没有佛性这样的东西，把烦恼摩摩擦擦，擦到最后，没有一个清净的佛性是可以拿给人看的，就像这位禅者，把米洗不见了一样。不过诸位听了这个故事，如果也模仿着做是没有用的。

> 自到清白圆明之处，空空无像，卓卓不倚。

清白是绝对的清净无染，实际上，就是默和照，默是清净无染，照是智慧圆明，清清楚楚地，此时，烦恼和佛性都没有了。认为佛性是空性，执着空是佛性，也是不对的，心中没有任何攀缘，没有一点痕迹，这是"空空无像"。佛性是绝对的独立，没有地方可以倚靠，但是非常地清楚，这是开悟的人，告诉我们默照禅最后的境界是"卓卓不倚"的。

> 唯廓照本真，遗外境界，所以道："了了见无一物。"

"廓然"，是广阔无限的意思，心境无限宏大，清楚地觉照着本真的佛性，这时候，没有与自我相对的外在境界，没有一样东西是存在于清净的佛性之外；十方的空间，三世的时间，无非出于自心的显现，心外无一物，自心也非物，所以"了了见无一物"。自心中的佛性即是空性，到了这个程度时，清楚地知道心中没有痕迹，没有任何东西可以接触，可以攀缘。

个田地是生灭不到，渊源澄照之底，能发光能出应。

"田地"即指佛性，它是本来就在那里，所以是不生不灭的，只有等到开悟时，佛性才会显露，就像一个无底而清澈的深渊，而且它便是水的源头，无止尽的有水涌出来，它能产生光的功能，产生反应的作用。

许多人听了佛性是空的以后，会觉得要成佛、要开悟做什么？反正都是空的！事实上，开悟是心中不执着任何东西，但是慈悲与智慧的功能还在；因此，未开悟的人，虽然没有实证到佛性，但是可以体会、学习、模仿，当自己有烦恼时，应该鼓励自己回到佛性的源头来。

历历诸尘，枵然无所偶，

一般的凡夫做任何事，都是为了自我中心而努力，开悟以后的人，是以平等的慈悲心，来对待如微尘数世界那样多的众生。对于如许微尘数世界的一切现象，既不混淆也不参与。心中既没有自我，也没有对象；没有帮众生的忙，也未做了奉献的事。

　　见闻之妙，超彼声色，一切处用无痕、鉴无碍，

彻悟以后的人，不仅仅是用肉眼所见，用肉耳所听；而是超越于用眼、用耳。对于所处之环境，所见、所闻、所接触到的一切，是用智慧的心眼看、心耳听，不是我在见闻，而是众生的形相及声音产生的反应。虽然很清楚踏实地体会到了这一切环境，在心中不留瞋爱等痕迹，故也没有亲疏、厚薄、远近等障碍。

来这里主持禅七之前，禅中心有一个对西方人开的初级禅训班，正由我的一位弟子在教课，他在黑板上写的字很细、很小，而且说话声音很低，他就没有考虑到后边的人听不到、看不见。

我看到的时候，课已经快上完了，我问他："你没

有想到后边的人，他们看不到你写的字及听不到你讲的课吗？"他说："他们没有讲啊！"于是我到后面，问学生们的反应，好多人都说听不清楚也看不清楚。当时，我就责备这位弟子，怎么不为人家设想呢？其实，我一看到上课的情形，就知道是有问题的，这倒不是因为我的智慧高，而是我的弟子年轻没有经验。

自然心心法法，相与平出。

虽然一切都是无障碍的、无痕迹的，但是，一切都还是有的，有心理的活动，也有活动之对象：心中没有喜欢不喜欢，没有执着，平等地对待一切；即使成了佛，也是照常要度众生。

有人会问，如果有先生、有太太的人开了大悟，那么，是否还要先生、还要太太呢？众生都是平等的话，那么，太太和女儿是否一样呢？或者自己的丈夫跟人家的丈夫是不是一样的呢？如果懂了"自然心心法法"，不一样的事物，还是不一样的，否则悟后的人岂不成了白痴！

中国禅宗史上，有位庞居士，他有太太、有女儿，

而且全家人都开悟了，但是，他们没有因开悟而离婚，
也没有因开悟而父女不相认。

　　古人道：“无心体得无心道，体得无心道也
休。”

　　古时候有人这么说：「禅的最高境界，即为无心。
无心就是没有自我、没有执着，先学习放下自我执着，
那才能经验到无心无相的禅法及佛道；相反地，当你
已经体会到什么是无心，那就不需要修道，也无道可
修了。

　　进可寺丞，意清坐默。

　　即使是已经开悟的人，要继续修行，也是要替人服
务，并且承担很多事。“寺丞”是中国古代的官职，悟
后仍可做官。但是，在心里等于没有做什么事。心有感
受，而没有情绪；有慈悲，而没有你我。此身虽然处于
日常生活中，此心犹在坐着默照禅。

游入环中之妙，是须怎么参究。

如果想要知道进入这个开悟的境界，究竟是怎么样
地微妙，就必须照着上面所讲的，好好地努力！

（二）真实做处，静坐默究

真实做处，唯静坐默究，深有所诣，外不被
因缘流转，其心虚则容，其照妙则准。内无攀
缘之思，廓然独存而不昏，灵然绝待而自得。
得处不属情，须豁荡了无依倚；卓卓自神，始
得不随垢相，个处歇得。净净而明，明而通，
便能顺应，还来对事，事事无碍。飘飘出岫
云，濯濯流涧月，一切处光明神变，了无滞
相，的的相应，函盖箭锋相似。更教养得熟、
体得稳，随处历历地，绝棱角，勿道理，似白
牯狸奴怎么去，唤作十成底汉。所以道："无
心道者能如此，未得无心也大难。"

真实做处，唯静坐默究，

真正修默照禅时，只有精进地静坐，默默地观照。默是没有思想，究是深入而没有杂念；默究，就是深深地默，彻底地照。

有人问我，煮饭、开车、上课教书时，是否能用默照呢？

若在工夫用得好时，即使在日常生活中，随时随地都能保持头脑清楚，心情稳定。但是，我们做任何事时，身心必须一致，做什么事就是做什么事。在需用头脑注意思考时，只要心绪平静安定，不受刺激困扰而又清楚明净，就是默照工夫。

深有所诣，外不被因缘流转，

外边的因缘是人、事、物等社会环境及自然环境。当这些因缘，在冲击你、诱惑你、刺激你时，如果默照的工夫已经用到相当深的程度，就不会被打搅、也不会被牵动；这就是心不随境转。

其心虚则容，其照妙则准。

"其心虚则容"，正如成语虚怀若谷。山谷是虚的，永远也不会满，从山上不论有多少的雨水、泉水、融雪融冰的水，流到谷底时，都可以容纳，因为流至谷底立即又流向谷外，入江入湖入海去了。同样地，心中如果也是虚如山谷，大如虚空，自然就能容纳万物。不论别人是给你恭维、赞叹、批评、毁谤、猜疑、嫉妒、心绪不会有所起伏；心中没有需要抵抗，也没有需要追求。

"其照妙则准"就是说，默的程度是心量广大虽如虚空，如仍有其照的功能。正因为有静态的默然的心境，它所观察到的判断、处理，是绝对地恰到好处，非常地准确；这便是无我的智慧所产生的功能，对于所容纳的万物，清清楚楚，该如何处理就如何处理。

> 内无攀缘之思，廓然独存而不昏，灵然绝待而自得。

"内无攀缘之思"，是说已到绝待的程度，内心当然已经没有攀缘的意念。也就是心里边已没有种种的迎拒、取舍、分别、推敲等有所思想系念的念头。"廓然独存"是无相对待的存在，这时候，无论系统的思辨及散乱的妄想都没有，只是非常清楚地知道，没有上下、没有左右，没有前后，只有无边无涯；虽然不动，但是还是非常灵敏、活泼、新鲜，而且自由自在的。

"自得"，是不假外力和外缘，一切都是出于内心，是那样地现成而非造作。

得处不属情，

前段讲的"自得"，就是自然而然，自由自在，没有一点障碍，在这样的情况下，跟自我意识的感"情"是不相应的。凡夫是有情众生，都在感情中打转，感情又分很多的层次，有亲疏、厚薄、恩怨、爱恨等；不论是亲情、爱情、友情、有可爱的地方，那是人间的温馨，有麻烦的地方，那是互相困扰，纠缠不清。

事实上，凡是私情都有问题，如果将私情升华并净化为无私的慈悲，不论生活在何种情形下，都不会产生烦恼、痛苦，而自得其乐。故说自得之处不是属于私情的经验。

须豁荡了无依倚；卓卓自神，

"豁荡"是空谷的情况，在大山谷中，空空荡荡，深不见谷底，无所依靠，但又灵活自如。这是描述默照工夫的经验，虽然没有感情做为依靠，还能活泼、自然、有生气地独立存在。

始得不随垢相，个处歇得。

唯有这样，才能不随着污垢的种种现象而转变；到了这种无事可忙的程度时，就是烦恼心的歇脚处。实际上，就是不被烦恼所困扰，就是已经彻悟的人了。

净净而明，明而通，

"净净"，是清净再清净的意思。譬如说，天空没有云时，那个蓝色的天空是不是真正的天空呢？不是的，是要蓝色的天幕都没有时，那才是真正的太虚空。因此，默照的体验，就是任何一样东西，都不会在心里留下一丝痕迹，那才是清明的心境。

"明而通"，这个明是智慧，《心经》里的"心无罣碍"，就是无处不通，没有任何分别的情执，所以对人对境，畅通无阻。

记得我第一次来英国，签证相当不容易，我的弟子跟我说："师父，您常常讲，您没有一定要做的事，没有一定要去的地方，英国不能去就算了啦！"我说："不行，如果还有时间，我还是要试着去办，除非时间已过，那才作罢！""师父，您这不是执着吗？"我说："不能通过的要设法通过，万一怎么办也办不出来，不能去时，我也不会烦恼。"那也是通而明的道理。

便能顺应，还来对事，事事无碍。

没有情执的烦恼时，就能左右逢源，能够顺着事物的情况。对一个有智慧的人来讲，因为他没有情执及分别心，当遇到困难时，心理上不会有一点罣碍。"事事无碍"有两层意思：1. 每一桩事物到你心中都无牵挂得失，2. 一切事物之间，互相圆融通达，不相妨碍。这已是中国华严哲学里的最高境界。

　　飘飘出岫云，濯濯流涧月，一切处光明神变，了无滞相，

　　此时，智慧的心就像毫无拘束的云，飘飘然地从山腰间徜徉出来，也好像在清澈的山涧里，所看到的月亮那样，非常地自由、安闲、明朗。月在天空，却借着处处山涧濯濯的水面，好像神通变化那般地，放出它的光明。浮云和水月，都没有一定的目的，不会停留于一处；云顺着山的形势而浮游，月亮缘着山涧而移动。这些都是在形容自心不动而智慧应缘的功能。能够因应各种情况而产生神通变化，不论遇到方圆、长短、大小时，能适应一切环境、能处理一切现象，这就是"了无滞相"。

　　的的相应，函盖箭锋相似。

　　"的的相应"是完全契合的意思。像一个巧匠制造的盒盖，盖在盒子上，非常稳当妥贴；又像是两个武艺高明的人，一人射箭，一人执刀，光锐的箭端却射中薄利的刀锋，毫发不差。这是形容默照的功能，可以适应

一切大小情况，而且绝对精确。

> 更教养得熟、体得稳，随处历历地，绝棱角，勿道理，似白牯狸奴怎么去，唤作十成底汉。

有了以上的默照工夫之后，还要培养得更熟练、更稳健，对任何的人、事、物等情况，都能历历分明，清清楚楚。这时候，已没有自伤伤人的棱角，也不再拘泥于世间的逻辑、理论等道理，因为已经能够适应顺逆各式情境，就像你家里饲养了工作的大白牛，也像是养着玩赏看门狐狸狗那样地温良驯顺，那才真正是一个十成十的好汉，也就是一位大彻大悟的人。

诸位一定在想，为什么可以不讲逻辑的道理啊？我的答案是：事事讲道理的人，一定都是烦恼鬼，如果不讲理而有慈悲，没有烦恼而有智慧，岂不更好？有慈悲和智慧的人，不会跟人正面冲突，一定先去适应他，再来转变他，这才是最高的道理。

这儿的白牯狸奴，是一条驯良的大白牛，一只乖巧的小狗。大白牛，非常温驯，人们用它来下田、拉磨、背人、车水、运货，人叫它做什么工它就做什么工，小狗是宠物，善体人意，没有脾气。可能又有人会说："那完了！未开悟时，还有独立的人格，开悟后，反而像没有个性的大白牛、狐狸狗了。"这里的用意不在叫人变成畜牲，而取的譬喻说，真正有慈悲和智慧的悟者，是没有敌人及对手的。

　　无心道者能如此，未得无心也大难。

　　也只有已经到了无心程度的修行人，才能如此，没有到达无心层次的人，要做到这样，是很难的啊！

　　（一九九五年六月四日至六月十日英国威尔士禅七开示，姚世庄居士整理录音带，刊于《人生》杂志一五四——五五期）

第四篇

〈坐禅仪〉讲要

〈坐禅仪〉是宋朝元佑年间（一〇八六——一〇九三年）住于长芦寺的宗赜慈觉禅师所撰。他曾于公元一一〇三年编述《禅苑清规》，也于一〇八九年启建莲华胜会，普劝道俗每日念佛，乃至千声万声，可知他是一位禅净双修的大师。这篇〈坐禅仪〉对日本曹洞宗的影响深远，其开祖道元禅师所撰的〈普劝坐禅仪〉，主要的内容便是来自〈坐禅仪〉。

一、坐禅须发心

夫学般若菩萨，先当起大悲心，发弘誓愿，精修三昧，誓度众生，不为一身，独求解脱。

尔乃放舍诸相，休息万事，身心一如，动静无间。

第一段文字，是说禅修者如果希望开发般若智慧，当先发起大慈悲心，发广大誓愿，精勤修行三昧，不独求个人解脱，而誓度一切众生。其中发无上菩提心、精修三昧、誓度众生，乃是成佛的因行，所以称为菩萨。

第二段义字，是指禅修者当发出离一切分别攀缘之心，要"放舍诸相，休息万事"。不论是身、是心、是动、是静，凡遇形相，都须放舍；凡遇事相，均须休息。

这两小段文字，指出做为一个大乘禅法的修行者，必须具备的条件是发大菩提心，誓愿广度一切众生。如何能度众生？必须要学习开发般若的空慧；如何开发般若的空慧？先当精勤地修行定慧不二、动静无间的大乘三昧；如何修行大乘三昧？便是从自我的身心一如做起；何谓身心一如？便是观心无常、观身非我。如何能够做到？便是"放舍诸相，休息万事"；什么叫作"放舍诸相，休息万事"？便是对身心及身心所对应的六尘境中，凡事凡物的一切状况，都不动分别执着的得失烦恼之心。

知有身心和动静，是照的工夫；一如与无间，是默的工夫。放舍和休息，是默的工夫；知有诸相和万事，是照的工夫——此即默照同时的用功状况。

禅法即是离苦之法，离苦的功能来自于般若的智慧，所以《心经》要说："行深般若波罗蜜多时，照见五蕴皆空，度一切苦厄。"如何开发甚深的般若？发弘誓愿、精修三昧，是必备的条件。何谓发弘誓愿？通常是指〈四弘誓愿〉，亦即"愿度一切众生，愿断一切烦恼，愿学一切佛法，愿成无上佛道"，为了成就无上佛道，须先发愿广度众生、断除烦恼；为要广度众生、断除烦恼，必得精修佛法。

佛法的实践，不出戒、定、慧的三大纲，合称"三无漏学"。其中声闻戒重在不犯恶行，大乘菩萨戒尤重利他善行，所以，大乘行者若不度众生便算犯戒。〈坐禅仪〉的目的在于教授坐禅时的注意事项，于坐禅之时自然不犯恶行，《增一阿含经》卷二十中有将不杀生、不偷盗、不邪淫、不妄语、不饮酒的五戒，称为"五大施"，所以大乘菩萨，只要再发起大悲心，便算持戒。

坐禅称为精修三昧，这是大乘菩萨修学般若的必经过程，目的是为广度众生。什么叫作三昧？原系梵文Samādhi，汉译为定、正受、息虑凝心之意。《大智度论》卷七有云："善心一处住不动，是名三昧。"卷二十八又云："一切禅定，亦名定，亦名三昧。"以声闻乘而言，三昧即指九次第禅定；以大乘菩萨而言，三昧是涵盖声闻的次第禅定，更是如《六祖坛经·定慧品》所说的"定慧一体"，而且更重视慧。所以《六祖坛经·般若品》特别强调修习持诵《金刚般若经》的般若三昧，天台宗则以持诵《法华经》名为修持法华三昧。

此处〈坐禅仪〉所称的三昧，主要是在于打坐，若以天台智者大师在《摩诃止观》中所举的四种三昧而言，此处应属于常坐三昧，无怪乎日本曹洞宗主张用"只管打坐"来修般若智慧，鼓励采用〈坐禅仪〉的教导，做为坐禅者的入门方便。

二、善调诸事

> 量其饮食，不多不少。调其睡眠，不节不恣。欲坐禅时，于闲静处，厚敷坐物，宽系衣带。

若依天台家的修禅之法，先要具足二十五种方便，分为五科，其中的第四科，名为"调五事"，即：1.调心——不沉不浮，2.调身——不缓不急，3.调息——不滑不涩，4.调眠——不节不恣，5.调食——不饥不饱。〈坐禅仪〉在此处，仅说调饮食及调睡眠二事，然于后文中，也讲到调身、调息、调心。

又依天台家的修禅二十五方便之第一科，名为"具五缘"，即：1.持戒清净，2.衣食具足，3.闲居静处，4.息诸缘务，5.近善知识。〈坐禅仪〉此处，仅说"于闲静处"。但在前文已说"起大悲心，发弘誓愿"，如要做到，必定要持戒清净；从"量其饮食"及"宽系衣带"来看，已是天台所说的"衣食具足"了；"放舍诸相，休息万事"，则已息诸缘务了；而若依〈坐禅仪〉整篇教诫禅坐的各项准则修行，也可视作亲近善知识的功能了，当然，最好还是听闻善知识讲解，而不是自己揣摩文句意义。

我们法鼓山在教授初级禅坐方法的课堂上，也会介绍调饮食、调睡眠、调身、调息、调心的方法；同时也会说明坐禅的空间场所、时间段落、气温、光线、避风，以及坐禅穿的宽松衣服、轻柔坐垫等，相关内容也可参看我的《禅的体验·禅的开示》一书。

令威仪齐整，然后结跏趺坐。先以右足安左髀上，左足安右髀上。或半跏趺坐亦可，但以左足压右足而已。

次以右手安左足上，左掌安右掌上，以两手大拇指面相拄。

这两段文字，是讲坐禅时的两脚及两手安放的位置，以及坐禅的姿势。"威仪齐整"及"结跏趺坐"，是标准的坐禅姿势。四大威仪是"行如风，立如松，坐如钟，卧如弓"，因此，坐的威仪是安然不动。

打坐的标准坐法，称为结跏趺坐的双腿盘坐，这是佛陀的坐法，亦有两种：1.吉祥坐——先以右足安于左大腿上，后以左足安于右大腿上。2.降魔坐——先以左足安于右大腿上，后以右足安于左大腿上。〈坐禅仪〉所说的便是吉祥坐了。

依据《大智度论》卷七的解释："诸坐法中，结跏趺坐，最安稳、不疲极，此是坐禅人坐法。"不过，这种双盘腿的坐禅姿势，并非人人能够训练得来，纵然能够练会，也不是人人能够经常采用，所以〈坐禅仪〉亦允许采用名为半跏趺坐的单盘腿坐法，只要求以左足压于右大腿上就可以了，甚至仅将一足安于另一足的小腿上，也是可以的。

在我们的禅堂里，为了适应各种状况的禅众需求，还可以采用交脚坐、跪坐、如意坐、骑鹤坐、小凳坐、椅子坐等方法。只要是各自坐得最舒服、最持久、最安定的坐法，就是最好的。当然，以一般状况而言，双盘及单盘是坐得比较久的，所以是主要的坐法。

至于两手安放的姿势，是以右手掌向上安放在足上，左手掌向上安放于右手掌上，两只大拇指轻轻相挂，虎口相对，构成一个圆形，这在密教称之为"法界定印"，是大日如来入定的智印。

> 徐徐举身前欠，复左右摇振，乃正身端坐，不得左倾右侧，前躬后仰。令腰脊头项骨节相挂，状如浮屠。又不得耸身太过，令人气急不安。
>
> 要令耳与肩对，鼻与脐对，舌拄上腭，唇齿相著。
>
> 目须微开，免致昏睡。若得禅定，其力最胜。古有习定高僧，坐常开目；向法云圆通禅师，亦诃人闭目坐禅，以谓"黑山鬼窟"，盖有深旨，达者知焉。
>
> 身相既定，气息既调，然后宽放脐腹。

这四段文字之中，说明在盘腿结手印之后，宜将身子微向前伸，然后将身子左右摇动，以确定在坐垫上平稳、舒服、端正地坐妥了；不得让身子左倾右斜、歪歪倒倒，也不得让身子弯腰弓背、仰头后翻。

此时的后腰、脊椎、颈项、后脑部位的每一节椎骨，都应成一条垂直线，节节相拄，此时的坐姿，由外看来，就像一座宝塔。塔古称"浮屠"，因为在塔中供奉佛陀舍利，浮屠是窣堵波（stūpa）的转音。禅坐时的身子如塔一般地四平八稳，由于身安而心易安，才易入定。但须留心，也不得将身子向上提耸，似乎想把塔身拉高，那会使你的呼吸急促，心反而不能安定。

我常教人在禅坐时，先把身体放轻松，从头部到小腹均不用力。取一个舒适的坐姿后，做头部运动及三次深呼吸，然后确定坐得平稳，将重心或重量感置于臀部与蒲团之间。此时下颚内收，头顶向天，头颈自然与脊椎成一直线，后腰挺直，此时除了腿膝或有一些紧张感之外，全身的关节和肌肉都是放松的状态。

此时由于身子已像一座宝塔，所以两耳的耳垂，一定是和肩头成一垂直的角度。肩头勿提、勿压、勿往后张、勿向前收，自然放松；手臂和手腕，也自然随掌放置，不要用力，不再管它。

此时的嘴唇宜轻闭，上下牙齿宜轻扣，舌尖宜轻触上颚，如果发觉唾液太多，则舌尖不用力，不抵上颚、不注意口液状况，偶尔把口液咽下喉去。

原则上双目宜开二分闭八分，不要用眼睛注视任何景物，保持视而不见的态度，你的心眼是用在方法上，不在视线上。睁开眼睛可以减少昏沉及幻觉、幻境的出现；如果入定，则较闭眼的状态更有力、更好。所以古来习定的高僧，坐禅时经常保持睁开眼的方式，例如法云圆通禅师就诃斥闭目坐禅的人，说那容易落于"黑山鬼窟"，也就是黑暗空洞和无记寂静的邪定状态，好像是在入定，其实暗钝无记。所以永嘉玄觉禅师的〈奢摩他颂〉说"惺惺寂寂是，无记寂寂非"，是以开眼保持照而常默的用心状态，不可变成默而不照，即无记的木然状态。

不过初学禅坐者，若闭上眼睛比较容易摄心、安心，也不妨闭目而坐，待能安定时便张开二分，以四十五度斜角的视线，投置于座前二或三呎处，那里最好是柔和且单一颜色和形式，否则易分心而生幻影，然后便不再注意视线。若遇昏沉境及身心的幻境出现时，可把双眼张开，甚至尽量张大，昏幻立即消失。

以上是禅坐的身相，是具备了安全、健康的调身准则。接着便是调气息；禅坐之时，必须放松腰带，最好也能穿着比较宽松的衣服。先做三次深呼吸，每次均缓缓弯腰、双掌轻压小腹，徐徐吐气至尽，再抬身起腰，然后双掌离开小腹，徐徐吸气至满。

然后坐稳，留意呼吸从鼻端自然出入的感觉，不可控制呼吸的长短深浅和快慢大小，一任平常的自然呼吸。不特别蓄意引导成腹式呼吸，待呼吸顺畅时，横膈膜自然下降，也就自然转为腹式呼吸；也不用特别注意小腹的蠕动感觉，否则，虽能安心，却不能入定。

一切善恶都莫思量，念起即觉，觉之即失，久久忘缘，自成一片。此坐禅之要术也。

这一段文字，是说明坐禅时的调心方法。此处的"一切善恶都莫思量"，在〈坐禅仪〉出现之前，已有不少的禅宗祖师提起，例如：

1.四祖道信的〈方寸论〉曾说："任意纵横，不作诸善，不作诸恶，行住坐卧，触目遇缘，总是佛之妙用。"

2.五祖弘忍的〈修心要论〉有云："夜坐禅时，或见一切善恶境界，……但知摄心莫著。"

3. 六祖惠能的《六祖坛经》的〈行由品〉中教授惠明上座的调心方法有云："不思善，不思恶，正与么时，那个是明上座本来面目？"〈坐禅品〉又云："外于一切善恶境界，心念不起。"〈宣诏品〉有示内侍薛简云："但一切善恶都莫思量，自然得入清净心体，湛然常寂，妙用恒沙。"这些都是默照同体的典型。

因此，〈坐禅仪〉的调心方法，仅用"一切善恶都莫思量"这句话就够了。若能自知正在保持着"一切善恶都莫思量"的心境，便是默而常照、照而常默。如果偶有妄念心起，也会立即觉照；觉照心生，妄念便失其踪迹了。若能持之以恒地练习使用这种方法，久而久之便会忘了能缘的觉照之功，以及所缘的妄想之心，那就是统一心现前，自成一片了。

"自成一片"即是默照同时，可有三个层次：1.身心的统一；2.内外的统一；3.对立和统一的超越，便是清净心体的显现，既是"湛然常寂"，又能"妙用恒沙"。

三、安乐法门

窃谓坐禅乃安乐法门，而人多致疾者，盖不善用心故也。若善得此意，则自然四大轻安，精神爽利，正念分明，法味资神，寂然清乐。

若已有发明者，可谓如龙得水，似虎靠山。若未有发明者，亦乃因风吹火，用力不多，但辨肯心，必不相赚。

前面一段文字是说，若已懂得如何调理以上所说诸事，坐禅乃是使得身心安乐的法门；至于许多人由于坐禅而使身心受到伤害，得了禅病，那是不善用心的缘故。这是点出坐禅的观念和心态若不正确，便会惹上麻烦。如能依照以上所介绍的坐禅准则来做的话，四大的身体自然轻安，精神也会爽快俐落，便能念念正念分明，禅悦资益，心神充沛，寂静、清净、安乐的定境，也就会现前了。

第二段文字是说，依此准则坐禅者，若对已经发明心地的悟后之人而言，就像神龙得水能自由变化，兴云降雨，又像猛虎奔山，任意自在无所畏惧。如果是尚未发明心地之人，亦能像是风助火势，用力不多而功效倍增。

总结这两段的文意，只要能够明辨正确的用心方法，就一定不会吃亏的。

　　然而道高魔盛，逆顺万端。但能正念现前，一切不能留碍。如《楞严经》、《天台止观》、圭峰《修证仪》，具明魔事，预备不虞者，不可不知也。

此所谓"道高魔盛，逆顺万端"，是指坐禅者若无健康的心理准备，坐禅的工夫愈精进，求悟之心愈殷切，外魔的干扰也会愈严重，即使现种种瑞相神异，也都能使坐禅之人误入魔道。逆境使你恐怖、受阻，顺境使你得少为足；若能时时保持正念现前，外魔就无奈你何了。所谓"正念"，便是〈坐禅仪〉开始所说"誓度众生"的大悲弘愿，而"不为一身，独求解脱"。并且"放舍诸相，休息万事"，记取《金刚经》的"凡所有相，皆是虚妄"，《六祖坛经》的"一切善恶都莫思量"，就能免除一切魔境的留碍了。

至于坐禅者可能遇到的顺逆诸种魔境，有三部圣典可资详细查考：

1.《大佛顶首楞严经》第九卷。

2. 天台智𫖮的《摩诃止观》卷第八下〈观魔事境〉章，说魔有四类：（1）阴魔属阴入境，（2）烦恼魔属烦恼境，（3）死魔属病患境，（4）天子魔又有三类，即：惕鬼、时媚鬼、魔罗鬼；坐禅者的心念不正，便易招致种种魔发之相。

3. 圭峰宗密的《圆觉经修证仪》第十七卷〈辨魔〉章，也对发魔的种种状况详加说明。

以上三书，前二部收在《大正大藏经》中，第三部则被收在《卐续藏经》中。坐禅者最好能具此预备知识，令坐禅之中不受魔扰，不会求升反堕而落入邪魔外道，去做魔外的子孙。

若欲出定，徐徐动身，安详而起，不得卒暴。

出定之后，一切时中，常作方便，护持定力，如护婴儿，即定力易成矣。

这是教诫坐禅之人，要出定时先将身子轻缓摇动，然后安详地站起来，不可以快动作，急着起身行走。我还要求禅修者于下座之前，先将双掌擦热，轻按双眼，并做全身按摩后，始可起立行走，否则可能引起视线失衡及心脏剧烈跳动等状况，乃至发生突然晕倒的危险。

出定下座之后的平常生活中，仍应随时随处用默照的禅修方法，对一切状况都是清清楚楚，不受逆顺各种境界的影响而起情绪的波动，以护持在坐禅时培养的定力；且要像保护初生婴儿那样，才容易使得已有的定力持续成长。因此，我也常常勉励禅修者，必须养成在境上炼心的习惯。每次打完禅七，才是新一个禅修阶段的开始，那便是将禅七中所闻所学的坐禅观念、坐禅态度及坐禅方法，运用到日常生活中。

四、禅定是急务

夫禅定一门，最为急务。若不安禅静虑，到这里总须茫然。所以探珠宜静浪，动水取应难。定水澄清，心珠自现。故《圆觉经》云："无碍清净慧，皆依禅定生。"《法华经》

云："在于闲处，修摄其心。安住不动，如须
弥山。"

对于修学般若的菩萨而言，禅定的工夫是最急的要
务。若不能安住于大乘的如来禅，光修四禅八定的静虑
工夫，纵然到了深定之处，总还是与般若的智慧无缘，
所以依旧是茫然的凡夫。并以譬喻说明定力与智慧的关
系：定力如静水，智慧如心珠。入海探珠，宜于浪静之
时，若想从波涛汹涌中入海探寻珍珠，就很难了；若能
先以定力，澄清心海之水，心海中的智慧明珠，便可自
然显现了。

又举两段经文，证明修习禅定的重要性。一是在
《圆觉经·辨音菩萨章》中，佛说一切菩萨，欲得心无
障碍的般若清净智慧，无一不是依禅定生起。二是如
《妙法莲华经·安乐行品》的偈语所说，当在闲静之
处，修持摄心的方法，安住在不动的禅定中，稳定犹如
须弥山那样。其实，类似鼓励习定的经证相当多，此处
列举两例，是以说明定慧具足的重要性和必然性。

是知超凡越圣，必假静缘，坐脱立亡，须凭

定力。一生取办，尚恐蹉跎，况乃迁延，将何
敌业？故古人云："若无定力，甘伏死门。掩
目空归，宛然流浪。"幸诸禅友，三复斯文，
自利利他，同成正觉。

由此可知，若期超越凡夫境界，进入圣人位次，闲
静的因缘是必须的。古来修行人之中，有的能够自主生
死，并且可以随其心力，坐着化去，立着脱身，自由自
在，凭的都是深厚的定力。至于一般的精勤禅修之士，
克期取证，一生成办解脱大业，尚且恐怕荒废了光阴；
更何况懈怠迁延，不能精修之士，怎么能敌得过被业力
引着走的危险！

所以古人曾说，如果没有禅定之力，便自甘臣服于
死门之前，犹如掩目观光，空过而归，那就是流浪生死
的可怜悯者了。

诸位习禅的道友，应该再三地复诵这几句古人之
言，用来自利利他，同成正等正觉的无上菩提。

附记：这篇〈坐禅仪〉，我曾于多次默照禅期中讲解，尤其是禅
　　　四十九、禅十四，以及最近的禅七，都曾讲过。翁惠洵菩萨

依据录音带整理成文，由于略嫌松弛，故在二〇〇一年十二月二十五日至二〇〇二年元旦的默照禅七期中，边讲边写，完成了这篇讲要，以供后人参考。

〈坐禅仪〉

长芦宗赜

夫学般若菩萨，先当起大悲心，发弘誓愿，精修三昧，誓度众生，不为一身，独求解脱。尔乃放舍诸相，休息万事，身心一如，动静无间。量其饮食，不多不少。调其睡眠，不节不恣。欲坐禅时，于闲静处，厚敷坐物，宽系衣带。令威仪齐整，然后结跏趺坐。先以右足安左髀上，左足安右髀上。或半跏趺坐亦可，但以左足压右足而已。次以右手安左足上，左掌安右掌上，以两手大拇指面相拄。徐徐举身前欠，复左右摇振，乃正身端坐，不得左倾右侧，前躬后仰。令腰脊头项骨节相拄，状如浮屠。又不得耸身太过，令人气急不安。要令耳与肩对，鼻与脐对，舌拄上腭，唇齿相著。目须微开，免致昏睡。若得禅定，其力最胜。古有习定高僧，坐常开目；向法云圆通禅师，亦诃人闭目坐禅，以谓"黑山鬼窟"，盖有深旨，达者知焉。身相既定，气息既调，然后宽放脐腹。一切善恶都莫思量，念起即觉，觉之即失，久久忘缘，自成一片。此坐禅之要术也。窃谓坐禅乃安乐法门，而人多致疾者，盖不善用心故也。若善得此意，则自然四大轻安，精神爽利，正念分明，法味资神，寂然清乐。若已有发明者，可谓如龙得水，似虎靠山。若未有发明者，亦乃因风吹火，用力不多，但辨肯心，必不相赚。然而道高魔盛，逆顺万端。但能正念现前，一切不能留碍。如《楞严经》、《天台止观》、圭峰《修证仪》，具明魔事，预备不虞者，不可不知也。若欲出定，徐徐动身，安详而起，不得卒暴。出定之后，一切时中，常作方便，护持定力，如护婴儿，即定力易成矣。夫禅定一门，最为急务。若不安禅静虑，到这里总须茫然。所以探珠宜静浪，动水取应难。定水澄清，心珠自现。故《圆觉经》云："无碍清净慧，皆依禅定生。"《法华经》云："在于闲处，修摄其心。安住不动，如须弥山。"是知超凡越圣，必假静缘，坐脱立亡，须凭定力。一

生取办，尚恐蹉跎，况乃迁延，将何敌业？故古
人云："若无定力，甘伏死门。掩目空归，宛然流
浪。"幸诸禅友，三复斯文，自利利他，同成正觉。

（录自《禅苑清规》卷八，《卍续藏》———·九二〇—九二一页）

圣严书院 ③

圣严法师教默照禅

Master Sheng Yen on Silent Illumination Practice

著者	圣严法师
出版	法鼓文化
总审订	释果毅
总监	释果贤
总编辑	陈重光
责任编辑	李金瑛、杨仁惠、李书仪
封面设计	谢佳颖
内页美编	小工
地址	台北市北投区公馆路186号5楼
电话	(02)2893-4646
传真	(02)2896-0731
网址	http://www.ddc.com.tw
E-mail	market@ddc.com.tw
读者服务专线	(02)2896-1600
简体版初版一刷	2019年12月
建议售价	新台币300元
邮拨账号	50013371
户名	财团法人法鼓山文教基金会—法鼓文化
北美经销处	纽约东初禅寺
	Chan Meditation Center (New York, USA)
	Tel: (718)592-6593 Fax: (718)592-0717

法鼓文化

国家图书馆出版品预行编目(CIP)资料

圣严法师教默照禅 / 圣严法师著 -- 初版. -- 台
  北市：法鼓文化, 2019.12
    面； 公分
  简体字版
  ISBN 978-957-598-833-3(平装)

  1.禅宗 2.佛教修持

226.65   108017436